相原 茂【編著】

日中は異文化だから面白い

言語と文化のプロたちが綴るエッセイ集

岸 弘子
張 娜
費 燕
芳沢ひろ子
佐藤嘉江子
三好理佳
白根 肇
塚越千史
黄 琬婷
楊 華
郭 雲輝
河村雅子
川名理惠
野原靖久
蘇 紅
森中野枝

現代書館

日中は異文化だから面白い＊目次

第二部　文化論 …………125

はじめに

相原　茂

このエッセイ集におさめられている文章は、「中国語ドットコム」というサイトに連載されたものである。このサイトはハオ中国語アカデミーという民間の語学スクールが運営するもので、その一角をいわば私に貸して頂き、自由に使わせていただいた成果である。

人は如何なる領域でもよいが、ある分野に長い期間関わっていれば、そこでさまざまな経験を積み、エピソードに出会ったり、深く納得することがあったり、人知れぬ発見があったりするものだ。

日本人で長く中国語の学習にいそしんできた人も例外ではない。逆に、日本に長く滞在し、日本語と格闘してきた中国人についても同じことが言える。

私はこれらの人々に呼びかけた。

このサイトに、これまでの長い中国語とのつきあい、あるいは日本語とのつきあいで、感じたこと、体験したこと、言っておきたいこと、何でもよい、大きなテーマは「ことばと文化」に関わることで、エッセイ形式で書いてみませんか、と。

参加者は一七名にのぼり、毎週だれかしらが執筆するようにした。担当は年に二回ほど。義務ではないので、一〜二回しか書かなかった人もいるし、四〜五編もの作品をものにした方もいた。本書はその一年有半の成果である。

私の期待どおり、作品はいずれも面白い。日本と中国には、異なる文化がある。同じような顔つきをしていながら、その思考方式、行動には大きな差異がある。こんなに面白いテーマはない。もうしばらく、サイトの連載をつづけようと思う。

二〇一六年十月吉日

第一部　言語論

〝买单〟と〝请〟

相原　茂

人にすすめられてツイッターなるものを始めた。いまさらで遅きに失した感なきにしもあらずだが、始めてみると自分のつぶやきに対しての人の反応が気になるもので、一日に何回か携帯を覗く。

何をつぶやいたらよいのかも実はよく分からない。今日はどこどこへ行ったとか、今日はお昼に何を食べたとかを語るのも芸がない。

たまたま長年手がけていた『中国語類義語辞典』（朝日出版社）の発売が近づいていたので、これ幸いと、やさしい類義語ペアを紹介することにした。【中国語　似たものことば】というタイトルもつけた。つぶやきには字数制限があり一四〇字以内ですべてを語り尽くさねばならない。だからあまりに複雑なものは扱えない。なにしろ類義語の分析だから、普通は二ページぐらいにはなる。それをギュッと一四〇字にする。それでも、もう四〇ツイートぐらいはこなしたか。

次はその中の一つだ。

【中国語　似たものことば】〝买单〟mǎidān　〝结账〟jiézhàng

〝买单〟は本来〝埋单〟máidān と書く。声調も少し違う。広東語の口語に由来。飲食や娯楽などの、その場における勘定を言う。〝结账〟は必ずしも現金払いとは限らず、清算の意味でも用いるフォーマルな語。〝月底结账〟yuèdǐ jiézhàng（月末の清算）。なお〝买单〟には〝请〟qǐng を付けず、〝服务员，买单！〟Fúwùyuán，mǎidān! とぶっきらぼうに言う。

これをわざわざ取り上げたのは、〝买单〟には何故〝请〟をつけないか。気になったからだ。〝结账〟のほうは〝饭用过了，请结账〟Fàn yòngguo le, qǐng jiézhàng.（食事は済みました、お勘定お願いします）というのに。

〝结账〟は客の行為であり、また店側の行為でもある。勘定を清算するわけだ。だから「清算おねがいします」は、客が店員に対しても言えるし、店員がお客に対しても言える。

ところが〝买单〟は「支払いをする」という客の行為だ。広東語に由来するこの語は、複雑な背景を有するようで、語源解釈も諸説あるようだが、普通話の中では「請求書を買いとる→私が勘定を払う」という意味合いだ。こういう解釈が正当かどうかは別として、要するに〝我来付钱〟（私が勘定を引き受ける）ということで、客の行為だ。であれば客は自分の行為に対して〝请〟はつけない。但し、お店のほうから客に対しては〝请买单〟と言うことは可能だ。

さらに踏み込んで言えば、いま四人で食事をして、そろそろお勘定というとき、ここは一番年長の王さんのおごりという場合、王さんに向かって〝老王请买单〟ということは可能だ。

以上、一言で言えば自分の行為には〝请〟はつけないという話にすぎない。自分の行為に〝请〟をつける変わり種は〝请问〟qǐngwèn ぐらいだ。だからこれは辞書にも項目として載っている。

【注】：〝埋（买）单〟、〝结账〟の『中国語類義語辞典』における執筆者は蘇明さん。同書三八九頁に見える。

漢字が分かる中国人

岸 弘子

漢字が分かる中国人日本語学習者ならではのおもしろい間違いは数え切れないほどありますが、その中でも爆笑物をご紹介したいと思います。

「共働き」「共倒れ」など「共〜」をつかった言葉を勉強していたとき、ある学習者が「同僚との共食いは楽しいです」という短文を作りました。

大笑いする私を尻目に、他の学習者たちはわけがわからない、といった表情で固まっています。私に笑われたことで真っ赤になってしまった彼は「一緒に食事をする、〝共食い〟ではないですか」と聞いてきました。ちょっと笑いすぎたことを反省し「楽しい例文をありがとう！　でも〝共食い〟は、〝人が人を食べる〟という意味ですよ」と説明しました。とたんにクラスが爆笑の渦。本人も大爆笑しています。

また、「遺失物やはぐれた人の特徴を言って警察官に助けを求める」というタスクをやっていたときの話です。二人ひと組になって、会話を作りました。学生Aが「彼女とはぐれました」と言うと、警官役の学生Bが「彼女の特徴を教えてください」と尋ねます。うんうん、なかなか順調なスタートです。

引き続き学生Aが「彼女は青いコートを着ていました」と説明すると、「えっ、あなたが手に持っている青いコートは彼女のですよね」……。ほう、軽いジョークも入っています。すごい！と感心。「あ、そうでした」と答える学生Aに警官役が言った一言が「じゃあ、彼女の下着の色を教えてください」えっ！！！　日本人の彼氏なら、この警察官に平手打ちをするところです。「上」着が上にはおるものなら「下」着はその下に着ているセーターかシャツ、と考えたようです。「あのね、下着は〝内衣〟のことですよ」。と説明したとたん、またまた爆笑の渦。

次は今日の授業であった、ほかほかの新ネタです。「〜ているうちに」について説明した後、「〝夢中でゲームをしているうちに〟の後ろに続く文を考えてください」と指示しました。すると、半数以上の学生が「目覚まし時計が鳴りました」と続けたのです。

ゲームと目覚まし時計との関連性がまったく理解できません。しかし、半数以上の学生がそういう文を作るということは、中国の文化か最近のネットの流行語に関係があるのかもしれません。

「うーん」と唸りながら「〝Aているうちに〟は〝Aしています、知らない間にある変化が起きます〟ですから、〝ゲームをしています、面白いです、時間を忘れて遊びます。そうしたら、朝になりました〟です」と正解を示しました。

質問も反論もなく、おとなしく正解をメモする彼らでしたが、何となく教室の雰囲気が〝納得できない！〟と言っています。このままにしてはおけません。「中国では〝ゲーム〟と〝目覚まし時計〟と何か関係があるんですか」と訊ねてみました。すると「〝夢中〟は〝在梦里〟、〝我昨天在梦里玩儿游戏，突然闹钟响了〟はおかしくないのでは？」と言います。何のことはない、「夢中」を「夢の中」と思っていたようです。

明日の授業も何が飛び出すか楽しみです。彼らの間違いをメモしたノートもいっぱいになりつつあります。こんな楽しい仕事、やめられませんよね。

（イラスト：筆者）

二分間待ってください

張娜

日本語と中国語、類似点が多いことに私はもう驚かない。しかし、言葉の意味はまったく同じでも、応用の際大きく差が出ることに驚かされることがある。

先日、羽田国際線ビルを利用したときの話。バタバタしながら取りあえず搭乗時間までに搭乗口に無事たどり着いた。長い列になっていたが、まだ搭乗は始まっていなかった。

落ち着いたら空腹状態に気づいた。そういえば朝食抜きだった。搭乗までのわずかな時間を利用して、何か買ってくることにした。急いで上の階に上がると、すぐに喫茶店が眼にはいった。大層なものは食べられないが、ホットケーキならいただけるかもと思った。「時間かかりますか」と訊ねたら、「五分から七分」と言われた。五分以内なら、大丈夫だろうが、それ以上だと微妙だと計算した。でも、何となく店員さんが余裕を持たせて時間を言っただけで、本当はそこまでかからないはずだと自分の中でそう計算し、注文した。

支払いを済ませ、すぐに隣の免税店に入って、買いたい化粧品を購入して戻ってきた。計ったわけではないが、三分も経っていなかっただろう。戻って席に着くと、ホットケーキが運ばれてきた。自分の完璧な計算にほくほくしながら搭乗口に戻り、ちょうどよいタイミングで搭乗手続きもできた。

自分がここまで日本人を理解しているんだ、とちょっと嬉しかった。そう、日本人は「時間厳守」という意識があらゆるところに浸透している。電車の定刻運転（というよりまず時刻表があることに外国人は驚くだろう）、宅急便の配達時間指定サービス、役所の書類発行などなど、さまざまな面において約束された時間に基づき予定を立てることができる。約束された締め切り時間より早まることがあっても、遅くなることは滅多にない。そのため、たまにビジネスの交渉で「もうちょっと早くしてもらえないなら購入をあきらめるよ」と「脅し」ても、できないことははっきり「できない」と言って来る。無理な約束をしないのが日本人だ。

その一方、中国人、特に商売人の場合、話は違う。中華料理店で私と同じような経験をされた人が多いかもしれない。注文するときに、「これ、時間かかる？」と聞くと「いいえ、すぐ出来るよ」と言われる。注文してからかなり時間が経ってから催促してみると、「もうすぐ」とか、「二分間待って」という返事。二分間と言われると、希望が見えたと思って、もうちょっと待とうと思うが、なぜか時間が経っても何も出てこない。再度催促すると、今度は「作っているから、本当にもうすぐ」と返される。なら最初の回答は何だったんだろう。こんなことが何回か繰り返されて、どこかで「本当に」出てくる。そうすると、奇跡が起こったような喜びを味わうことができる。

先日ある中華屋さんで食事したときに、やはり「二分間」と言われたが、「本当に二分間だよね？　計るからね」と言ったにもかかわらず、一〇分経っても何も出てこなかったので、諦めて帰ることにした。そうしたら、店員さんに言われた。「もうちょっと早く催促してくれればよかったのに」。待たされたことより、いい加減な対応をされて不愉快になった。お客さんとして大事に扱われたとは到底思えない。その店にはもう二度と行かないと決めた。

日本に長く滞在して、自分が時間に対しシビアになっているのかもしれない。仕事上では、少しでも予定の時間より遅れそうな場合、必ず早い段階で知らせるようになった。今の自分は中国に帰るたびカルチャーショックを感じることが多い。

人民元の記号〝¥〟

費燕

中国の物の値段の言い方を教えるとき、人民元の記号〝¥〟を黒板に書いたとたん、ほとんど毎回必ず学生の席からざわざわ騒ぐ声が聞こえる。その中で、大胆な学生は、「ええー？円マークだ。中国でも円マークを使っているんだー！へえー！」と大きな声で言う。

つい最近、公民館の中国語クラスで値段の言い方を教えているときも同じようなことが起こった。一人、中国語検定四級に合格し、中国にも行ったことのある学生が、「人民元の記号は日本の円マークと同じですね」と言うのを聞くや、一列目に座っていた女性がとても興奮して、「なるほど、そうなの。私はeラーニングの授業も受けてますが、物の値段を表す絵にウェディングドレス〝¥8000〟、自転車〝¥500〟と書いてあって、おかしいなあ、こんな安いわけないよと変に思い、友達にもおかしいよねと言っちゃったのよ。あの数字は人民元なんだ。ああ、分かった」。そう言って納得できたようだ。

ほかの学生もなぜ同じなのだろう、どっちかが借用したのだろうかと話し合っていたが、直接私に質問をぶつけて来なかったことで、助かった。しかし、今まで、放置してきた問題はこれ以上無視することはできないと思い、調べてみた。

すでに御存知の方がいるかもしれないが、私と同じ分からない人のために、調べた結果を報告しよう。

中国の人民元マークは、一九五五年三月一日に中国人民銀行が第二セット人民元を発行したときに、初めて正式に決められたマークである。中国では本来の通貨単位である「圓」と現在使われている〝元〟は、ともにピンインで〝yuán〟と綴る。そこで人民元のマークは、その頭文字〝Y〟を採用し、アラビア数字との誤認や誤写を避けるために、今まで使ってきたドルマーク〝$〟の二本線を受け継ぎ、〝Y〟に横線を二本加え、〝¥〟と書くようになった。発音は相変わらず〝元〟である。〝¥〟そのものが人民元の単位を表すため、値段の前に〝¥〟を書けば、金額の後にさらに〝元〟を付ける必要はない。例えば、一〇〇元は〝¥100〟または〝RMB¥100〟のように表記される。

一方、日本のお金の単位「円」は、ローマ字表記が今の「en」ではなく「yen」と綴られていた。その最大の理由は、幕末から明治にかけて、英米人が「yen」と綴り、それが国際化したためと考えられるという。ドルの習慣に合わせて、その頭文字「Y」に同様の二重線を入れたものが「¥」の由来であるという説が一般的である。また、日本は「にほん」とも読むが、「二本」

も「にほん」という発音であるため、「Y」に二本線をつけて日本の円マークを作ったという説もある。

どうやら、中日両国のお金のマークの一致はただの偶然で、どちらかがどちらから借用したというわけではないようだ。今度中国の値段の言い方を教えるときに、一言説明を付け加えたら、いかがだろう。

これで、私の無知が一つ減ったということで、ちょっとうれしい。

以上と以下

芳沢 ひろ子

もうじき成人式、二十歳になった人を祝う。成人前と成人後で何が違うのか、遠い昔を思い出してもあまりはっきりしない。ただ二十歳を過ぎると日本ではたばことお酒が解禁になる。「満二十歳未満の者の飲酒、喫煙を禁じる」という内容の法律があって、二十歳以上はそれが許される。

ところで「二十歳以上」といえば日本語では二十歳を含める。「二十歳以下」も二十歳を含む。ではこれを中国語にした場合、〝二十岁以上〟〝二十岁以下〟はそれぞれ日本語と同様「二十歳」を含むのだろうか? つまり〝n以上〟〝n以下〟と中国語で言うとき（nは不特定の数字を表すとする）、nは含まれるのかということなのだが、周囲の中国人に聞いてみてもどうもはっきりしない。

ある人は「中国人は含むかどうかあまり意識せずに使っている」と言い、ある人は「〝n以上〟はｎを含む気がするが、〝n以下〟はｎを含まない気がする」という。『現代漢語詞典』にもこのことに関わる説明はない。これは日本人にとってはゆゆしき問題である。二十歳が含まれるかどうかは法律にかかわってくるのだ。

〝n以上〟〝n以下〟の入った用例を読んでみると例えば「少年先鋒隊の入団年齢は一四歳以下、共産党青年団の入団年齢は一四歳以上」とあったりする。すると一四歳は少年？　青年？

中国の刑法九九条に説明があるというので読んでみた。〝所称以上，以下，以内，包括本数〟（いわゆる「以上、以下、以内」については本数を含む）。つまりｎを含む。日本と同じである。〝处于5年以上10年以下有期徒刑〟とあれば「懲役五年以上一〇年以下の刑に処す」ということ。五年、六年、七年、八年、九年、一〇年のいずれかの期間刑務所に入っていることになる。

ちゃんとあるではないか！　しかも日本と同じ定義が！　もっとも普通の人は刑法なんて読まないし、こうした〝以上〟〝以下〟の厳密な定義付けは刑法にのみ適用されているのかもしれない。日本人はたぶん小学校の算数の時間にほぼ全員（最近はわからないが）が習っている。問題はもしかしたらこちらにあるのかもしれない。私たちはみんな知っている。中国人はどうして知らないの？　おかしいでしょう！　となってしまうのが日本人だが、日本の常識＝世界でも常識と思ってはいけないのだ。

中国語の〝以上〟〝以下〟は『現代漢語詞典』によるともともと方位詞で、それぞれ「ある一点の上にくる」「ある一点の下に来る」ということで、「nを含むかどうか」など数学的な定義付け用語ではない。曖昧なのが当然なのかもしれない。

一方何事にもきっちりしていないと気が済まない日本人。バスに「一二歳以上は大人料金」などとあったら一二歳を含むか含まないかは大問題だ。たぶん中国ならそのへんはどうでもいいんじゃないだろうか。

そこできっちりしてないと気持ち悪い日本人、またはきっちりしないと法律上問題になる場合〝以上〟や〝以下〟ではなく、〝不满二十岁的人不能喝酒〟（二十歳未満の人はお酒を飲んではいけません）という具合に、〝不满〟を使うといいと思う。〝不满〟を使えば漢字の意味からしてはっきりと「満たさない」になり、日本語の未満と同じ意味、つまりnを含まず、nに至らないという意味になる。「n以上はＯＫ」と言いたいときは、「n未満はＯＫではない」と言っておけば安全だ。

ヒトを数える

佐藤　嘉江子

レストランなどでよく聞かれる「何名様ですか？」「三人です」の類いのやりとり。中国語では〝几位？〟〝三位〟だなと思っていて、あるときふと、本当にそれで正しいのか疑念がきざした。〝位〟は敬意のこもった量詞だから、〝三位〟と答えたら、みずから「三名様です」と言っていることになるではないか。

さっそく友人（天津人）に聞いてみたところ、違和感はないとの答え。なぜなら、この場合の〝位〟は量詞ではなく〝位子〟だからで、〝几位？〟〝三位〟は〝几个位子？〟〝三个位子〟のことだと言う。この説明で納得してずっと信じていたら、どうもこの意見は少数派らしく、〝几位？〟に対しては〝三个人〟のように答えるのが一般的だとの指摘を最近になって受けた。何十年勉強していても、思い違いというのはあるものである。

人を数える量詞としてまず挙げられるのは〝个〟〝名〟〝位〟だ。〝个〟〝名〟は褒貶を含まないが、〝位〟だと敬意がこもり、一般に社会的地位や立場が高い人に対して用いられる。学生に対して〝位〟が用いられていたら、その学生は何か非凡な業績をあげたに違いない。

人が群れて集団になると、〝帮〟〝群〟〝班〟〝批〟などで数える。隊列をなしていたら〝队〟や〝行〟も使える。夫婦や恋人や敵同士などセットとしてとらえたら〝对〟、賊なら〝伙〟とか〝窝〟とか。〝一群学生〟や〝两班学生〟なら学生がたくさんいるとしか思わないが、〝一伙学生〟になると良からぬ思惑を抱いた学生が群れている感じになり、量詞によってイメージが変わる。

人に対する量詞で面白いなぁと思ったのが〝条〟だ。〝一条好汉〟のように使う。〝条〟は細長いものを数える量詞だから、〝好汉〟（好漢、立派な男）をなぜ〝条〟で数えるのかが不思議でたまらず、一時期いろんな人に聞いてまわった。「なるほど」と思ったのは、「筋肉の筋に注目しているからだ」という説明。〝赤条条〟で素っ裸であるという意味になるのは、裸の筋肉を表現しているのだろうし、〝好汉〟もそのイメージとして筋骨隆々みたいなのがあって、だから〝条〟で数えるのだろう。したがって、優男風の美男子には〝条〟は馴染まない。ただ、この考え方だと〝光棍儿〟を〝条〟で数えることの説明がつかない。独身男のどういうところが〝条〟のイメージと結びつくのだろう？

家族の人数を数えるには〝口〟を使う。入門の頃、〝你家有几口人？〟という文を習ったとき、〝老北京人〟の先生から、「メシを食う口がいくつあるかに注目しているからだ」という説明を受けた。

こんなにいろいろな数え方がある人間なのに、死んだら途端に〝具〟になる。辞書には「死体や棺桶、一部の器物を数える」とある。〝具〟で数える器物にどんな例があるか探してみても〝座钟〟くらいしか見当たらない。どうやら死体、棺桶に特化した量詞のようだ。

死体をなぜ〝具〟で数えるのか。これも不思議でたまらず、ずいぶん大勢に聞いてまわった。答えは一様に、「死んだらモノになるから」。これでは到底説明になっていない。モノを数える量詞はたくさんあるし、モノによって量詞は違う。なぜ死体というモノは〝具〟で数えるのか。と追及したら、「棺桶の形が〝具〟という字に似ているからだ」という説が出てきた。そう言われてみれば似ているような気もするけれど、棺桶の形って昔からああだったのだろうか？

もう一つ力説されたのは、「人は死ぬと自然に帰るべきモノとなる。それはもう、一本の木と同じようなもので、だから死人を担ぐのは生きている人を背負うよりずっと難しいし、ずっと重い。〝具〟は死体、棺桶以外には使わない量詞で、そこには死体に対するある種の恐怖感と軽視がある。偉大な人物については絶対に〝一具尸体〟などとは言わず、〝XX的遺体〟といった言い方をする」ということだった。私の問いに対する答えにはなっていないが、それ以上追及できない説得力があった。

〝具〟の原義は「器物」だから、量詞としての〝具〟も器物を数える働きが先にあり、それが棺さらには死体へと用法が広がっていったと考えるのが自然だろう。なぜ死体の量詞が〝具〟なのかは、なぜ棺桶が〝具〟なのかから考えていくのがよさそうだ。

中国語のＩＴ用語あれこれ

三好 理佳

スマートフォンに代表されるＩＴ製品であふれ、世の中、洪水のように生まれるカタカナ言葉が当たり前のように市民権を得て行く今の風潮に言語学者でも「言葉の乱れ」などと指摘する気力を失っているのではないでしょうか。

新しい技術や概念をカタカナ言葉に変換するだけで成立する日本語、一方、漢字という表意文字しか持たない中国語。翻訳する際のアプローチや考え方には違いがあることはいうまでもありません。

〝内容〟Nèiróng、〝应用〟Yìngyòng、〝登录〟Dēnglù、〝账号〟Zhànghào、〝可穿戴〟Kěchuāndài、〝补丁〟Bǔdīng、〝访问〟Fǎngwèn、〝协议〟Xiéyì、これらの言葉の意味がわかるかと尋ねたらきっと怒られるでしょう。だれでも知っている日常的に良く使われるこれらの表現は実はＩＴの世界ではそれぞれ「コンテンツ」、「アプリケーション」、「ログイン」、「アカウント」、「ウェアラブル」、「パッチ」、「アクセス」、「プロトコル」の意味としても使われています。

このように日本語は外来語を使っていとも簡単に本来の意味と区別できるという便利さを持っていますが、中国語になると文脈や文章の内容で意味を判断するしかありません。とりわけ〝内容〟や〝应用〟などが多用されると慎重に意味を見極めなければならない場合があります。意味の取り違いを避けるためか、中国のIT企業の技術資料やプレゼン資料は「APP」（アプリ）や「contents」といった英語のオンパレードです。〝应用〟や〝内容〟といった表現はまだ一般的に認知されていない裏返しかもしれません。

いまだに「定訳」がないというか、訳語自体が存在しない言葉もあります。マイクロソフトの「ワード文書」、「エクセル文書」を中国では〝word 文档〟、〝excel 文档〟と言っています。文章ではこれでもかまわないのですが、話し言葉になると少々都合が悪いのです。中国人同士がそれを使って会話すると日本人にはわざとらしくて違和感を覚える人もいるでしょう。例えば〝你这个文档是 word 还是 excel 还是 PPT？〟（そのファイルはワード？　エクセル？　それともパワーポイント？）といった具合に。確かに最近は中国人、とりわけ芸能人や文化人は話によく英語を挟みますが、止むを得ず英語を挟む場面は私の会社ではごく普通で、決して恰好をつけているわけではありません。もっというと、英単語がないと会話が成り立たないのです。

中国では膨大な量の技術用語を翻訳する際、一つずつ正確に意味を伝えつつ、用語としての簡潔さ、わかりやすさ、カテゴリー分類などさまざまな要素を斟酌しなければならず、訳語を作る難しさは想像に難くありません。しかし表意文字である漢字は直接に意味を表すという点では、ＩＴリテラシーが少々低い人でもなんとなく内容を解せるというメリットがあります。また少し説明っぽい表現や概念の翻訳はカタカナ一語ではしっくりこなかったり、収まりが悪いものについては、表意文字の中国語が本領発揮する場合があります。例えば今ＩＴ業界の話題の「モノのインターネット」〔Internet of Things、IoT、さまざまな「もの」がインターネットに接続され、情報交換することにより相互に制御する仕組み（ウィキペディア）〕という言葉を聞いたことがあるかと思います。中国語は略語の IoT は勿論使いますが、〝物联网〟Wùliánwǎng という簡潔かつ分かりやすい訳語が当てられました。それに関連付けられ、〝车联网〟Chēliánwǎng、〝医联网〟Yīliánwǎng、〝票联网〟Piàoliánwǎng などインターネットに接続してサービスを提供するというカテゴリーができあがって、今後バリエーションがさらに増えて行くことが予想されます。これらの言葉を日本語にした場合、一つの言葉で表現できなかったり、関連性が希薄な全く異なる言葉になったりします。〝车联网〟は自動車に多数のセンサーを搭載し、ネットワークに常時接続する状態をいいます（まだ認知度が低いが、コネクテッドカーという表現も見かける）。

依然として大量の日本語の漢字表現が吟味消化されずに、そのまま中国に逆輸入されている現状を変えることは難しいですが、中国語からも良い表現があればカタカナ英語の代わりに日本語に採り入れてもよいのではないでしょうか。

さて〝解决方案〟Jiějuéfāngàn、〝服务器〟Fúwùqì、〝路由器〟Lùyóuqì はそれぞれどういう意味でしょうか。辞書を調べなくても皆さんは漢字からその意味を簡単に当てられるはずです。

約百年前に中国では「science」が〝赛因斯〟Sàiyīnsī に、「telephone」が〝德律风〟Délǜfēng に翻訳されましたが、最終的に日本語訳に軍配が上がり〝科学〟Kēxué と〝电话〟Diànhuà が定着しました。明治時代の日本では漢字を最大限に活用し知的な訳語がたくさん創り出され、中国もその恩恵を受けました。現代の日本人ももう一度漢字の良さを見直す時代がくればよいと願っています。

古代の漢字を使って現代の最先端のテクノロジーを表現することにロマンを感じませんか。

〝iong〟と〝e〟

白根 肇

まず、〝iong〟の発音のお話。〝iong〟とあるため、〝i + ong〟と誤解しがちだが、実際は口をすぼめた〝ü〟の音から始まる〝üong〟という音（撮口音）である（頭子音が付かず単独ではピンイン綴りは〝yong〟）。では、前に子音が来た場合はどうか。ご存じの通り、この発音の前に付く子音は〝j, q, x〟の三つのみである。従って、〝j〟が来た場合は〝jüong〟（実際このようなピンイン表記は存在しない）という発音になる。〝q〟や〝x〟が前に付いた場合も同様に〝qüong〟〝xüong〟（実際このようなピンイン表記は存在しない）といった口をすぼめた状態からの発音である。これを表記（ピンイン）につられて〝ji + ong〟と考え、口を横に引いた〝ji〟の音から口をすぼめた〝ong〟の音で発音してしまいがちである。〝ian (yan)〟のように必ずしもピンインと発音が同じというわけではない。

「ピンイン＝発音記号」ではない例をもう一つ。子音の勉強で練習する三つのグループ〝ji,

qi, xi〟〝zi, ci, si〟〝zhi, chi, shi, ri〟。いずれも〝i〟を付けて練習するが、それぞれのグループの〝i〟の音は異なるものである。全ての音を、口を横に引いた母音の〝i〟の音で発音している人を見かけるが、注意したいものである。

次に、中国語を習い始めて恐らく最初の時間に学ぶ〝e〟の発音。日本語に存在しない〝ü〟の発音とセットで何回も練習したことを覚えている。「口を横に引いて……」と習った方も多いと思う。

〝e〟を発音するとき、前述のように「口を横に引いて……」と説明されているが、実際はどうだろう。北方、南方出身の中国人を問わず、横に引くのではなく、実際はアゴを引く形、むしろ口をタテに開く感じに発音している方が多いようである。母音単独で発音される場合の〝饿〟èはもちろん、前に子音が付いた〝车〟chēや〝色〟sèなどでもやはり同様にアゴを引いた形で発音されている。むしろ、口を横に引いて発音すると、不自然に感じるネイティヴも多いようだ。

日本のNHKにあたる〝中央电视台〟のアナウンサー、きちんと口を軽く横に引いて発音している。しかし、民間のアナウンサーは、前述のようにアゴをタテに引き気味に発音している方が多いようである。いずれは〝中央电视台〟のアナウンサーもアゴを引き気味に発音するようになるのかもしれない。今後のニュースを見る楽しみが増えそうだ。

余談だが、〝中央电视台〟のアナウンサー、発音を間違えると一回毎にかなりの罰金が科せられるということである。留学時代、私の先生がその審査員のお一人であり、昨日のニュースでアナウンサーが発音を間違ったところがあるからどこか当ててみるよう、翌日の授業でビデオを見せて下さったことがあった。〝广播员也挺可怜的，所以就不报告电视台了！他错在哪儿，你们都知道了吗？· Guǎngbōyuán yě tǐng kělián de, suǒyǐ jiù bú bàogào diànshìtái le! Tā cuò zài nǎr, nǐmen dōu zhīdao le ma?〟（可哀そうだからテレビ局には言わないんだけどね！　どこが間違っているか、みんなはわかる？·）なんておっしゃっていた授業がとても懐かしい。

逆は必ずしも真ならず

――ものぐさ中国語学習者の自戒

塚越　千史

「あなたの一番の仲よしは誰ですか？」

これは、とある中国語の教科書に出てきた一行作文の問題。今までに習った文法表現を使えばいいのだから……とすぐに思いついたのが、次の一文である。

（1）你最好的朋友是谁？　Nǐ zuì hǎo de péngyou shì shéi?

ふむふむ、これで正解はもらえそうだ。しかし、念のため「仲がよい」を日中辞典で調べてみる。すると、〝要好〟yàohǎo という形容詞が紹介されていた。早速使ってみるとしよう。

（2）你最要好的朋友是谁？　Nǐ zuì yàohǎo de péngyou shì shéi?

こちらのほうがパーフェクトな解答である。

ここで改めて、相原茂著『はじめての中国語学習辞典』（朝日出版社、二〇〇二年）にて、〃要好〃 yàohǎo を引いてみると、以下のような例文がある。

（3）她们俩很要好。　Tāmen liǎ hěn yàohǎo.（彼女たち二人は仲がよい）

調子に乗って、先ほど（1）〃好〃 hǎo→（2）〃要好〃 yàohǎo に書き換えたように、（3）〃要好〃 yàohǎo→（4）〃好〃 hǎo に置き換えてみる。

（4）她们俩很好。　Tāmen liǎ hěn hǎo.

果たして、（4）の文は、「彼女たち二人は仲がよい」の意味になるのだろうか？

答えは「否」である。

（4）の文は通常「彼女たち二人は元気である」、「彼女たち二人は健康である」、「彼女たち二人は生活が安定している」といった意味で理解される。逆は必ずしも真ならず、である。〃要好〃

にはそれ独自の意味領域と使い方がある。これを覚えずに、〝好〟だけですべて済まそうというのは虫がよすぎるようだ。

実際の会話の場面では、既習の知識をフル活用して、急ごしらえの表現で乗り切る度胸も必要である。しかしながら、日々の学習では地道に語彙を増やしていこうと改めて決意した、私の学習体験である。

「お疲れ様です」と〝辛苦了〟

黄 琬婷

「お疲れ様です」の意味について、辞書（『大辞泉』）によると、「相手の労苦をねぎらう意で用いる言葉。また、職場で、先に帰る人へのあいさつにも使う」とある。職場で一日の仕事を終えた人に対し、確かにこの言葉をよく耳にする。

「お疲れ様」を中国語に訳すと〝辛苦了〟になるだろう。辞書（『中日大辞典』）では、〝辛苦〟について、「苦労（する）、骨折り（る）」、または「労をねぎらう時のあいさつ」といった意味が記述されている。つまり、「労をねぎらう」という意味では、〝辛苦了〟と「お疲れ様です」は共通なところがある。

ある日、一日の仕事を終え、職場を離れようとする私に、日本人の同僚が〝辛苦了〟と言ってくれた。先に帰る私へのあいさつなのだとすぐ理解できたが、少し違和感を覚えた。そして、同僚に同じように〝辛苦了〟で返事すべきかで少し迷った。

なぜだろう。

中国語〝辛苦了〟はどんな場面で使われるか。例えば、運送会社のスタッフが、かなり重い荷物を一階から十階まで階段を使って運んでくれた。さすがに重労働の作業なので、そのスタッフに対し、〝辛苦了〟と言いたくなる。また、ある重要なプロジェクトのために、五日間も帰宅せず、ずっと会社で寝泊まりしていた同僚がいる。この場合、その同僚にも〝辛苦了〟と言いたくなる。このような特別な事情がある場合、〝辛苦了〟を使いたくなる。しかし、ただ一日の仕事を終えただけで、〝辛苦了〟と言われたら、内心では、「いやいや、そこまで苦労して一日の仕事を終えたわけではないので、〝辛苦了〟と言われても……」とつぶやくかもしれない。

〝辛苦了〟は「お疲れ様です」と違い、日常生活では気軽に使えるあいさつ言葉ではないような気がする。

では、仕事を終えて先に帰ろうとするとき、中国語ではどう言えばいいのだろう。答えは人それぞれだが、例えば、〝我先走了，再见。〟、〝我先走了，明天见。〟、〝你忙吧，不打扰你了，我先走了。〟などがある。それに対し、〝再见〟あるいは〝明天见〟と返せばいいのではないかと思われる。

〝辛苦了〟の使用は特別な場合に取っておこう。

〝睡懒觉〟と「寝坊する」

楊　華

先週、中国語の授業が終わった後、受講生から「中国語には不自然で、おかしい言い回しがありますね」とのコメントをもらいました。何のことかなぁと思って、今週、授業の前にその受講生に尋ねてみました。先週学んだテキストに次のようなやりとりがあり、違和感を覚えたそうです。

・你周末都干什么呢？　Nǐ zhōumò dōu gàn shénme ne?（君は週末に何をするんですか）

・――在宿舍里看看电视，洗洗衣服，睡睡懒觉。Zài sùshèli kànkan diànshi,xǐxi yīfu,shuìshui lǎnjiào.（寮でテレビを見たり、洗濯したり、ゆっくり寝たりします）

中国人から見ると、何の不自然もない文ですが、どこがおかしいのかとさらに聞いてみると、問題は新出表現の〝睡懒觉〟shuì lǎnjiào にあり、その日本語訳は「（朝）寝坊する」になっています。直訳すれば「寮でテレビを見たり、洗濯したり、寝坊したりします」となりますが、確かにこの日本語はおかしいですね。授業のあと、何種類かの『中日辞典』を調べてみました。ほとんどといっていいほど〝睡懒觉〟の語釈は「(朝)寝坊する」になっていました。

中国語でよく使われる〝睡懒觉〟は日本語ではどう表されるかについて少し考えてみました。

(1)明天是周末，我要好好儿睡个懒觉。Míngtiān shì zhōumò,wǒ yào hǎohāor shuì ge lǎnjiào.(明日は週末なので、ゆっくり寝たいです)

(2)他好睡懒觉。Tā hào shuì lǎnjiào.(彼は寝坊助だ)

(3)睡懒觉，算哪号庄稼人哪? Shuì lǎnjiào,suàn nǎhào zhuāngjiarén na?(朝寝坊なんかしていたら、百姓の数にはいらないわ)

中国語の〝睡懒觉〟を日本語の「寝坊する」に訳せるのは用例(3)のように、〝睡懒觉〟を一つの出来事として述べるときだけのようです。

この他の場合、日本語の「寝坊する」はほとんど無意志動詞として使われるのに対して、中国語の〝睡懒觉〟は意志動詞としても使うことができます。例えば〝我明天要睡个大懒觉。〟Wǒ míngtiān yào shuì ge dà lǎnjiào.(明日は思う存分寝たい)という例文では、〝睡懒觉〟という行為は自分の意志でコントロール可能なようです。一方、日本語の「寝坊する」は、自分の意志でコントロールできない行為で、うっかりして寝坊してしまったという感じで、授業や仕事に遅刻した場合、「寝坊した」ことを遅刻の理由にすることができますが、中国語では自分の意志でコントロールできるゆえに、〝睡懒觉〟を遅刻の口実にはあまり使えません。
敢えて使えば、自分がルーズであることを反省する気持ちが入っているときに限ります。実際、寝坊して遅刻した場合は、中国語では〝睡过头儿了！〟Shuì guò tóur le!（寝過ごした）というのがふつうです。逆に、中国語の意志動詞として使われている〝睡懒觉〟を日本語に訳す場合は、辞書通りに「寝坊する」とするのは不適切で、文脈を考えて「ぐっすり寝る」「十分睡眠をとる」「ちゃんと休む」「朝寝する」などとするべきです。

このように、中国語を日本語に訳すとき、辞書の訳語頼りでは、うまくゆかない場合がままあります。例えば、先ほどのテキストに、二日酔いで遅くまで寝ていて、あまり元気のないルームメートに〝你看上去还很困，继续睡吧。〟Nǐ kànshàngqu hái hěn kùn,jìxù shuì ba. という文があります。その意味は「どうやら君はまだ眠たそうですね。もうちょっと寝ていなさいよ」ですが、〝继续睡吧〟をそのまま訳すと、「続けて寝なさい」となって、やはりちょっとおかしな表現になります。

外国語を学習する際には、辞書にある訳語を機械的に対応させるのではなく、文脈、言語習慣などの要素も配慮しなければなりません。これもまた日本語を外国語として学習する自分への戒めとして銘記しておきたい点です。

〝老师〟という呼び名のあり方

郭 雲輝

ある人を何と呼ぶかという「呼称」は、一般に世の中で安定して使われているものと思われていますが、実は世の移り変わりにつれて変化するものでもあります。

子供のとき、幼稚園の先生のことを〝老师〟lǎoshī（先生）と呼び、後に、小学校、中学校、高校、大学の先生のことも〝老师〟と呼んでいたのは筆者だけではないでしょう。さらに、実際に教鞭を執っていなくても、学校で勤務している人なら、すべて〝老师〟と呼んでいました。

しかし、近年、教育に携わっていない人、例えば、俳優や歌手やタレントなどに対しても、〝老师〟と呼んでいることは周知のとおりです。教育に関わりのない人にも使われるわけですから、簡単に言うと、〝老师〟という呼び名の価値が下がったということになります。さて、このような変化は何に起因するのでしょうか。

現在、〝老师〟が敬語として一般に広く使われているのは、やはりそれなりの理由があるように思われます。新中国建国後、長い間、〝同志〟tóngzhì（もともとは、同じ志を持っている者同士という意味）が敬語として広く使われていました。接尾辞的に名前の後ろに付けて使われるだけではなく、単独でも使われていました。そして、共産党の内部では、お互いに〝同志〟と呼び合うのが当たり前のことでした。しかし、二十世紀の八〇年代から、〝同志〟という呼び名は、明らかに使用範囲も狭まり、使用頻度も落ちてきました。政治的カラーが強すぎ、その使用に抵抗を感じるようになったからでしょう。特に、一九八九年から香港の林奕華の企画による同性愛映画祭である「香港同志映画祭」が開催されるようになって以来、〝同志〟は同性愛者の代名詞ともなり、そういう派生的な意味も定着してきました。したがって、現在は、誤解が生じないように、極力〝同志〟の使用を避ける傾向があるようです。

〝同志〟の代わりに、北京などでは、敬意を込めた呼びかけとして〝师傅〟shīfu も一時期広く使われていました。もともと工場の古参労働者に対する敬称だった〝师傅〟が一般的な敬称として定着し普及するに至らなかったのは、やはりそういう使い方に馴染めない人が多かったからでしょう。

一方、男性に対する敬称としての〝先生〟xiānsheng、女性に対する敬称としての〝女士〟nǚshì があるものの、改まりすぎというイメージがあり、それを使うことによって、相手との間に距離感が生まれてしまうため、その使用頻度が高いとは言えない情況にあります。

中国語には、日本語における接尾辞「〜さん」のような便利な敬称がないため、敬意を持って人を呼ぶのには非常に困るのです。その結果、汎用性のある敬語として登場してきたのが〝老師〟なのです。それが教師に対する敬称として使われると同時に、性別や職業を問わず一般の人に対する敬称としても使われるようになり、幅をきかせているのが現状です。極端な場合、テレビ番組などで二十代のタレントが〝老師〟と呼ばれていることは決して珍しくはありません。〝老師〟という敬称が汎用化することは、敬語としての価値が下落したということにもなるでしょう。

教師でもある筆者としては、〝老師〟という呼び名の変容に違和感を覚えると同時に、中国語にも日本語の「〜さん」のような広く使える敬称があったらいいなと、嘆かざるを得ません。

〝花〟から始まる〝花式〟〝花様〟というカテゴリー

河村 雅子

中国語の〝花〟は多義語である。植物の「花」という意味が第一義だが、日本語の「花」の意味でカバーできない部分が多い。例えば、
〝水花〟shuǐhuā（水しぶき）
〝油花〟yóuhuā（スープなどに浮いている油）
〝花牛〟huāniú（まだら牛）
〝花眼〟huāyǎn（老眼）
など、花形のもの、まだらのもの、かすんでいるものも〝花〟で表現され、他にも「模様・図案」「見た目は美しいが実は嘘の」「戦傷」「天然痘」という意味などなど、〝花〟の意味はここには書き切れない。

〝花〟を使った新語に〝花式〟という言葉がある。辞書に載っていない言葉で、外国から入って来た新しい活動を表すようだ。意味はまだはっきりしないので、自分で推測する必要が出てくる。〝花式〟を使った言葉には、

〝花式咖啡〟huāshì kāfēi（コーヒーアート。カップに注いだコーヒーの表面に絵を描くこと）

〝花式调酒〟huāshì tiáojiǔ（フレアバーテンディング。パフォーマンスをしながらカクテルを作ること）

〝花式台球〟huāshì táiqiú（トリックショットをショーとして見せるビリヤード）

〝花式足球〟huāshì zúqiú（フリースタイルフットボール。サッカーのリフティングを発展させた競技）

〝花式鞋带〟huāshì xiédài（スニーカーの紐の飾り結び）

〝花式铁板烧〟huāshì tiěbǎnshāo（パフォーマンスしながら肉を焼いてくれる鉄板焼き）

〝花式寿司〟huāshì shòusī（見た目も華やかで楽しいお寿司）

などがある。ここから〝花〟、および〝花式〟の意味がある程度推測できる。

中国にも昔からパフォーマンスをしながらお茶を入れる曲芸的なお茶の入れ方があるが、それは〝花式〜〟ではなく、〝（功夫）茶艺〟（gōngfu）cháyì と言われる。〝花式〟はあくまで外国から入って来た新しい活動に使うようだ。

〝花式〟と似たような言葉に〝花样〟huāyàngがあるが、これも「模様・図案」「種類・様式」「手管・悪巧み」などいくつかの意味がある。〝花样〟を使った言葉には、
〝花样游泳〟huāyàng yóuyǒng（シンクロナイズドスイミング）
〝花样滑冰〟huāyàng huábīng（フィギュアスケート）
〝花样滑雪〟huāyàng huáxuě（フリースタイルスキー。スキーで滑走しながらエア等の曲芸を行うスポーツ）
などがある。この三種目は中国で最も権威のある辞書『现代汉语词典』（第6版）に載っているので、私はこれがこの種目の正式名称だと思っていた。しかし、ネットで調べる限り、世界大会の名称でもフィギュアスケートは〝花样滑冰〟〝花式滑冰〟両方の表記が存在し、オリンピック競技の一覧表ではフリースタイルスキーが〝自由式滑雪〟zìyóushì huáxuě と表記されている。ちなみに、シンクロナイズドスイミングは〝花样游泳〟という言い方で定着しているようだ。

なぜ、シンクロナイズドスイミングだけが〝花样游泳〟で定着しているのだろうか。

他に〝花样〟が付くスポーツには〝花样跳伞〟huāyàng tiàosǎn（集団でスカイダイビングをして空中で手をつないで輪になったり、縦や横に並んだりするスポーツ。スカイダイビングの中でもフォーメーション、またはキャノピーフォーメーションと呼ばれるジャンル）がある。シンクロとスカイダイビング、この二つは複数の人間がプールや空で輪になったりして、マスゲーム的な〝花〟

（模様）を作る。〝花柈〟の第一義は「模様」だから、この二つは〝花柈〜〟という言い方で定着しているのだろう。ある活動の結果、「模様」が現れる、これが〝花柈〜〟の基本的な意味であり、〝花式〜〟との違いではないだろうか。〝花式〜〟の中にも「模様」が現れるものに、コーヒーアート・靴紐・寿司があるが、これらは〝花柈〜〟とも言えるようだ。やはり、これらは活動の結果として「模様」が現れるからだろう。

一方〝花式〜〟で言い方が定着しているものは、〝花式鉄板焼〟と〝花式调酒〟だ。この二つを〝花柈〜〟に言い換える例はほぼ無い。私の推測だが、例えば〝花式寿司〟の場合〝花柈〜〟と言っても、出てくるものが華やかなお寿司なのに変わりはないが、鉄板焼きやカクテルの場合は前もってお客に、「当店はあの例の新しい〝花式〜〟ですよ」と断る必要があるからではないか。

以上のような事から推測すると、

〝花式〟〝花柈〟両者に共通しているのは「本来の活動に華やかで楽しい要素を盛り込む」という点だと思うが、その中でも比較的古くからあり複数で行われマスゲーム的な「模様」が現れるほうが〝花柈〜〟と言われ、比較的新しく個人のパフォーマンス・曲芸が主である方が〝花式〜〟と言われるのではないだろうか。

ちなみに〝花式〟の品詞は形容詞の区別詞で、意味は「遊び心に富む」ではないかと思う。〝花式～〟の活動の日本語訳は「パフォーマンスをしながら肉を焼いてくれる鉄板焼き」のように長く説明的になる。日本語ではまだ上手く説明しきれない様な活動を、中国語は〝花式～〟で一つのカテゴリーにまとめている。

〝花样～〟もシンクロやスカイダイビングのフォーメーションなど日本語ではそれぞれ個別の活動を表すところを、中国語では〝花样～〟で一つのカテゴリーにまとめている。〝花式〟〝花样〟は便利な言葉だ。

「ボランティア」が義務!?

川名 理恵

中国語圏の方を対象とした日本国内ツアーに通訳ボランティアとして同行することがある。ツアー最初の自己紹介は、

〝大家好！ 我是为你们做中文服务的义工，〇〇〇〇〟

（「皆さん こんにちは。私は中国語通訳のボランティア、〇〇〇〇です」）

である。〝义工〟とは、〝义务工作人员〟または〝义务工作者〟の略。〝义务〟は日本語で書くと「義務」、〝工作人员〟、〝工作者〟は「スタッフ」の意である。直訳すれば「義務スタッフ」となるが、それが「ボランティア」と同義とは、違和感を禁じ得ない。

実は、中国語の〝义务〟には、形容詞として「無報酬の」「無償の」という、日本語には無い意味がある。日本でボランティアと言えば「無報酬」である以前に、「自発性」が重要な要素と

なろうが、中国語訳である〝义务工作〟は、もともと「無報酬でする仕事」にほかならず、国家主導で半ば上から決められたことをする活動＝義務労働であり、民の自発的な活動ではなかった。

『现代汉语词典』（初版、一九七八年）には、〝义务劳动〟が掲載されているが、その説明には〝社会主义国家公民自愿参加的无报酬的劳动〟（社会主義国家の公民が自ら望んで参加する無報酬の労働）とある。「自ら望んで参加する」と説明されてはいるが、当時その実態は、望まなくてもしなくてはならない、正に「義務」と言えるものであった。

ＣＣＬ（北京大学漢語研究中心）語料庫（コーパス）には、〝１９９０年６月６日号〝深圳市青年义务工作者联合会〟正式挂牌成立，在中国第一个特区树立了中国第一面义工旗帜，中国大陆第一个志愿者团体诞生了〟（一九九〇年六月六日に深圳市青年ボランティア連合会が正式に開設され成立し、中国初の特別区で中国初のボランティア組織の手本を確立し、中国大陸初の志願者団体が誕生した）という記述がある。

これは国際ボランティア年に呼応したものであり、この活動も依然として政府主導のものであった。当時、まだその概念が無かった「ボランティア」の訳に、もともとあった「義務労働」や「勤労奉仕」の意味の〝义务工作〟を採用し、さらに〝义工〟は〝志愿者〟であると説明している。このあたりが、「ボランティア」の訳に〝义务〞が用いられた起源であるといえよう。

同じくCCLには、〝2008年累计有超过506万名志愿者参加抗震灾和灾后重建，170多万志愿者直接服务北京奥运会举行〞（二〇〇八年には、累計で五〇六万人を超えるボランティアが震災に備える活動や地震後の再建活動に参加し、一七〇万人余りのボランティアが北京オリンピックでの活動に参加した）という記述があるが、これが現在では中国での人民主体の自発的な最初のボランティア活動だとされている。

ここで注目すべきは、「ボランティア」を中国語に訳すに当たり、それまでの〝义工〞が姿を消し、〝志愿者〞が用いられていることである。民の自発的なボランティア活動を、それまでの官主導の、国家のための義務労働、勤労奉仕とは区別する為、〝志愿者〞が採用されたのであろう。現在、主に中国大陸では、ボランティアの訳に〝志愿者〞が使われることが一般的になってきているようだ。

但し、台湾や香港では、現在でも依然として〝义工〞が使われている。欧米の影響を受け、早くから自発的なボランティア活動が根付いていた台湾や香港では、同じ〝义工〞でも、その意味には民の「自発性」という性格が含まれていた。そのため殊更に「官主導」から「民主導」への変化を強調するような言葉への更新をすることが不要であったものと思われる。

さて、ここ一〜二年、中国大陸からの旅行者も右肩上がりで増加し、インバウンド事業花盛りである。私が同行するツアーは、ほとんどが台湾や香港からの旅行者であるため、依然として私は「ボランティア」の訳に〝义工〟を使っている。しかし今後、大陸からの旅行者が増えれば、〝志愿者〟と挨拶したほうが良いのかもしれない。いや、それより〝语言助手〟とでもしたほうが自然だろうか。今、思案中である。

元素名は中国語のほうが合理的か?

野原　靖久

鉄は金属か否か?　アルミニウムは?　チタンは?　多くの人がこれらを金属だと答えられるだろう。では、ナトリウムやカルシウムではどうだろう?　日本人の場合、これらを金属と答えられる人は、鉄などと比べて大幅に減ってしまうだろう。しかし、中国人はきっと即座に金属と答えられるはずである。なぜなら、ナトリウム、カルシウムの中国語は、それぞれ、〝钠〟nà〝钙〟gài，となっており、漢字にかねへんが付いているからである。ナトリウムやカルシウムだけではない。水銀を除いて、金属元素にはすべてかねへんが付いている。例外とした水銀は確かに〝汞〟gǒngという漢字であるため、かねへんが付かない金属元素であるが、昔は〝銾〟gǒngというかねへんが付いた漢字も使われていたらしい。やはり合理的だ。一方、リン〝磷〟línや硫黄〝硫〟liú，などといった金属ではない元素（非金属元素）の場合、常温で固体の元素には、すべていしへんが使われている。

常温で気体の元素についてはどうだろう? 水素〝氢〟qīng，窒素〝氮〟dàn，酸素〝氧〟yǎng などには、すべてきがまえが付いている。裏を返せば、きがまえになっていない元素はすべて常温で気体ではない。

液体については、どうだろう? 常温で液体である元素は二つしかない。水銀〝汞〟gǒng と臭素〝溴〟xiù である。この二つの漢字の部首は、みずやさんずいであることに気づく。他の元素名にみずやさんずいが含まれている漢字はない。液体であることを示してのことなのかは定かではないが、とてもわかりやすい。

大学入試では、「次のうち金属元素は?」「次のうち常温で液体の元素は?」という問題が日本では出題されるが、中国では入試問題に出たとしても間違いなくサービス問題である。

元素の読み方も中国語は合理的である。例えば、チタンの〝钛〟tài，セリウムの〝铈〟shì という漢字は、どのように発音するのかを悩む必要がない。つくりの〝太〟tài，〝市〟shì をそのまま読めばよいのである。すべての元素で言えることではないのだが、古くから知られていた元素を除き、近代で知られるようになった元素の場合は、英語名である titanium（taɪˈteniəm）、cerium（síəriəm）の第一音節を文字にしたのではないのだろうか?

ところで、化合物名は、英語よりも中国語のほうが我々日本人にとって覚えやすい。二酸化炭素は、英語では carbon dioxide（carbon は炭素、di は二、oxide は酸素）であり、順に訳すと、炭素二酸素であるため日本語とは順序が異なっている。しかも、酸素単体では oxygen なのに、化合物になるとoxideとなり語尾変化してしまうので、一元素に対して複数の単語を覚えなければならない。一方、中国語では〝二氧化碳〟èr yǎng huà tàn であるように、日本語と語順が同じだけでなく、〝化〟huà という漢字でつなぐというしくみも同じであるため非常に覚えやすい。

二〇一五年十二月、原子番号一一三番の元素（仮名：Uut ウンウントリウム。周期表の一三族タリウムの下）の命名権が日本に与えられた。元素名の命名権獲得はアジア圏初である。二〇一六年六月、命名権所有者がその元素名をニホニウム（Nh, nihonium）として申請したと報道された。これまでに国名が採用された元素名として、フランス人が発見したフランシウム、ドイツ人が発見したゲルマニウムなどがある。しかし、中国語の漢字にはいずれの元素にも、〝法国〟Fǎ guó の〝法〟fǎ や、〝德国〟Dé guó の〝德〟dé が使われていないので、ニホニウムに〝日本〟Rì běn の〝日〟rì が採用される可能性は低そうだ。中国語ではいったいどんな漢字になるのだろうか？

1	2	3	4	5	6	7	8	9	10	11	12	13	14	15	16	17	18
H 水素 氢(qīng)																	He ヘリウム 氦(hài)
Li リチウム 锂(lǐ)	Be ベリリウム 铍(pí)											B ホウ素 硼(péng)	C 炭素 碳(tàn)	N 窒素 氮(dàn)	O 酸素 氧(yǎng)	F フッ素 氟(fú)	Ne ネオン 氖(nǎi)
Na ナトリウム 钠(nà)	Mg マグネシウム 镁(měi)											Al アルミニウム 铝(lǚ)	Si ケイ素 硅(guī)	P リン 磷(lín)	S 硫黄 硫(liú)	Cl 塩素 氯(lǜ)	Ar アルゴン 氩(yà)
K カリウム 钾(jiǎ)	Ca カルシウム 钙(gài)	Sc スカンジウム 钪(kàng)	Ti チタン 钛(tài)	V バナジウム 钒(fán)	Cr クロム 铬(gè)	Mn マンガン 锰(měng)	Fe 鉄 铁(tiě)	Co コバルト 钴(gǔ)	Ni ニッケル 镍(niè)	Cu 銅 铜(tóng)	Zn 亜鉛 锌(xīn)	Ga ガリウム 镓(jiā)	Ge ゲルマニウム 锗(zhě)	As ヒ素 砷(shēn)	Se セレン 硒(xī)	Br 臭素 溴(xiù)	Kr クリプトン 氪(kè)
Rb ルビジウム 铷(rú)	Sr ストロンチウム 锶(sī)	Y イットリウム 钇(yǐ)	Zr ジルコニウム 锆(gào)	Nb ニオブ 铌(ní)	Mo モリブデン 钼(mù)	Tc テクネチウム 锝(dé)	Ru ルテニウム 钌(liǎo)	Rh ロジウム 铑(lǎo)	Pd パラジウム 钯(bǎ)	Ag 銀 银(yín)	Cd カドミウム 镉(gé)	In インジウム 铟(yīn)	Sn スズ 锡(xī)	Sb アンチモン 锑(tī)	Te テルル 碲(dì)	I ヨウ素 碘(diǎn)	Xe キセノン 氙(xiān)
Cs セシウム 铯(sè)	Ba バリウム 钡(bèi)	ランタノイド 镧系(lánxì)	Hf ハフニウム 铪(hā)	Ta タンタル 钽(tǎn)	W タングステン 钨(wū)	Re レニウム 铼(lái)	Os オスミウム 锇(é)	Ir イリジウム 铱(yī)	Pt 白金 铂(bó)	Au 金 金(jīn)	Hg 水銀 汞(gǒng)	Tl タリウム 铊(tā)	Pb 鉛 铅(qiān)	Bi ビスマス 铋(bì)	Po ポロニウム 钋(pō)	At アスタチン 砹(ài)	Rn ラドン 氡(dōng)
Fr フランシウム 钫(fāng)	Ra ラジウム 镭(léi)	アクチノイド 锕系(āxì)	Rf ラザホージウム 鑪(lú)	Db ドブニウム 𨧀(dù)	Sg シーボーギウム 𨭎(xǐ)	Bh ボーリウム 𨨏(bō)	Hs ハッシウム 𨭆(hēi)	Mt マイトネリウム 䥑(mài)	Ds ダルムスタチウム 鐽(dá)	Rg レントゲニウム 錀(lún)	Cn コペルニシウム 鎶(gē)	Uut(Nh) (ニホニウム)	Fl フレロビウム 鈇(fū)	Uup(仮)	Lv リバモリウム 鉝(lì)	Uus(仮)	Uuo(仮)

金属	非金属	不明

固体	液体	気体

La ランタン 镧(lán)	Ce セリウム 铈(shì)	Pr プラセオジム 镨(pǔ)	Nd ネオジム 钕(nǚ)	Pm プロメチウム 钷(pǒ)	Sm サマリウム 钐(shān)	Eu ユーロピウム 铕(yǒu)	Gd ガドリニウム 钆(gá)	Tb テルビウム 铽(tè)	Dy ジスプロシウム 镝(dí)	Ho ホルミウム 钬(huǒ)	Er エルビウム 铒(ěr)	Tm ツリウム 铥(diū)	Yb イッテルビウム 镱(yì)	Lu ルテチウム 镥(lǔ)
Ac アクチニウム 锕(ā)	Th トリウム 钍(tǔ)	Pa プロトアクチニウム 镤(pú)	U ウラン 铀(yóu)	Np ネプツニウム 镎(ná)	Pu プルトニウム 钚(bù)	Am アメリシウム 镅(méi)	Cm キュリウム 锔(jú)	Bk バークリウム 锫(péi)	Cf カリホルニウム 锎(kāi)	Es アインスタイニウム 锿(āi)	Fm フェルミウム 镄(fèi)	Md メンデレビウム 钔(mén)	No ノーベリウム 锘(nuò)	Lr ローレンシウム 铹(láo)

注）簡体字のフォント対応がない元素名は繁体字で記載した。

「あの時計合ってる？」

相原　茂

私の著書の一つに『必ず話せる　中国語入門』（主婦の友社）という本がある。入門用の参考書だが、フルカラーで写真やイラストが豊富に載っている。情報も詰まっているせいか、毎年版を重ねている。数年前には中国の〝国家办公室〟から「世界でもっとも歓迎された参考書」との表彰まで受けた。

で、このたび改訂新版を出すことになり、文法篇のところはこれまで録音してなかったのだが、ここの例文をすべて録音することになり、ＣＤが一枚増え、二枚付くことになった。さらに内容についても見直しをすすめた。

すると、Mao's eyeというコラムでこんな表現があることに眼がとまった。イギリスのビック

ベンのような時計台の写真がある。それを指して、

那表准吗？　Nà biǎo zhǔn ma?

（あの時計正しい？）

と言っているのだ。

「時計」は日本語は一つだが、中国語では二つある。誰もが知っているように〝表〟biǎoと〝钟〟zhōngだ。〝表〟は腕時計のように身につけて持ち運びする時計。〝钟〟のほうは掛け時計や目覚まし時計のように持ち運びしないもの。とすれば、この写真は明らかに〝钟〟ではないか。どうしてこんなミスをしたのだろうか。ともかく訂正せねば、というので、

那钟准吗？　Nà zhōng zhǔn ma?

と赤を入れて、出版社に渡した。しかし、どうも腑に落ちない。こんな単純なミスをなぜしたのか。そもそも中国語についてはやさしいことでもネイティブチェックをしているはずだ。誰に

チェックを頼んだか、今となっては記憶にない。

そんなある日、最近一緒に教科書を編んだことのある蘇紅さんにお会いする機会があった。早速聞いてみると彼女はなんと〝那表准吗？〟で問題ないという。それどころか、こちらのほうが正しいとまで言う。彼女は河南省の出身である。

これは大変だ。いろいろな人に聞いてみようということになった。

一緒にPodcastをやっているシュシュこと、朱怡颖さんに頼んで彼女のWeChatネットワークを利用して、友だちにアンケート調査をしていただいた。彼女は上海の近く南通の人である。友人には南方の人が多い。

その結果だが、三十名ほどの回答のうち、二名が〝那钟表准吗？〟と返答したほかは、すべてが〝那钟准吗？〟であった。圧倒的に〝钟〟派である。

この結果に対して、〝表〟を主張する蘇紅さんは自説を展開して言う。

確かに、持ち運びしないものは〝钟表〟または〝钟〟と言います。しかし、「時間」を尋ねるときにはその時計の形や機能より、〝表盘〟biǎopán「時計の文字盤」が肝心であり、そこしか見ないので、その部分は、やはり〝表〟が使われるだろうと思います。

例えば、自分の家の〝钟〟を指して、子供にお母さんはよくこう言いました。

○ 你去看看表几点了。Nĭ qù kànkan biăo jĭ diăn le?

（時計が何時だか見てご覧）

次のような聞き方は絶対しないと思います。

× 你去看看钟几点了。

同じく、あの時計は「時間が合っているか？」も「時間」に関することですから、たとえその形態が〝钟〟であっても、注目するのは〝表盘〟「時計の文字盤」ですので、〝那表准吗？〟というはずです。

なるほど、これはこれで理屈にかなっている。そもそも〝表〟にはメーターとか計器という意味がある。

そうしているうちにハオ中国語アカデミーを所用で訪れることがあった。ここは中国人の先生が沢山おられる。受付のところでちょうど知り合いの呉渓さんに会った。彼女は北京育ちだ。早

速、例の写真を見せて質問すると、

那表准吗？

と答えるではないか。「どうして？　これ〝钟〟でしょ？」と聞くと、蘇紅さんと同じような理由を答えるのには驚いた。たまたま隣りにいた大連出身の先生もやはり〝表〟派であった。

一方その頃、蘇紅さんもあちこち友人にメールを送り調査を始めた。その結果だが、これまでのところ、北京、天津、河南の人は〝表〟です。東北の長春、ハルビン、南の上海、南通、広州の人は〝钟〟です。実に興味深いです。

南と北と単純に分かれるわけでもない。東北の長春やハルビンはむしろ南と同じだ。山東省出身で今は北京に住んでいる人は〝表〟派だが、次のような場合なら〝钟〟を使うこともあるという。

你看看挂钟几点了？　Nǐ kànkan guàzhōng jǐ diǎn le?（掛け時計、何時か見て）

これは単に今何時か知りたいのではなく、掛け時計の指している時間を訊ねているのだろう。

そもそも個別の時計は〝表〟か〝钟〟だが、「時計屋」さんは〝钟表店〟だし、「時計修理します」は〝修理钟表〟という。総称には〝钟表〟を使う。しかし〝修表处〟という言葉があるように、あえてどちらか一字というなら、時計を代表するのは〝表〟のようだ。〝表〟がunmarkedといえるのではないか。

中国人に遇ったら、この話をしよう。しばらく退屈せずに済みそうだ。

「三〇分だけ晩ご飯を食べます」はなぜおかしい？

岸 弘子

授業をしていて、一番楽しい瞬間は、学生の思わぬ誤用に気づいたときです。昨日、数量詞の授業の最後に「だけ」を勉強しました。「数量詞＋だけ」……「三〇分だけ休みます」「留学生が一人だけいます」の「だけ」です。テキストの例文を練習した後、自由に文を作らせたのですが、ある学生が「三〇分だけ晩ご飯を食べます」という文を作りました。日本人としては、違和感極まりない文だと思います。「まだ食べ終わってないようだけど、三〇分経ったから、もう食べないでね……」という場面を思い浮かべて一人でクスクス笑ってしまいました。

私の反応から、間違っていると気がついたようですが、どこが違うのかわからない様子。それもそのはず、中国語的発想では、本当に自然な文になるからです。授業の後で、教務室にいた中国人スタッフ全員に「この日本語どう思う?」と聞いたところ、皆が「どこがおかしいの?」と不思議そうにしていました。

じゃあ、どうして「三〇分だけ休みます」が言えて「三〇分だけ晩ご飯を食べます」がおかしいのか、ということになります。「三〇分だけお風呂につかります」は大丈夫だけど、「三〇分だけシャンプーします」はちょっと変。「三〇分だけ煮ます」は大丈夫だけど、「三〇分だけ料理します」は変。と考えると、始めてから終わるまでのプロセスがあり、はっきりとした「終結」が見られるものには使いにくいんじゃないかな、と気がつきます。

いただきまーす、と食べ始め、皿が空になり、箸を置くまで。髪を濡らし、シャンプーをつけて、泡を洗い流すまで。食材を洗って、切って、調理をして、皿に盛るまで。「ご飯を食べます」「シャンプーします」「料理します」に「三〇分だけ」をつけると、たとえその動作が完了していなくても、もう時間だから……と終えなければならないという語気が含まれてしまいます。「三〇分だけシャンプーする」と言うと〝泡は残っているけど、もう時間だからそこで終わり〟という感じがしないでしょうか。

では、先の学生が表現したかった内容は何だったのでしょうか。実は、彼は毎日仕事が忙しくて、晩ご飯の時間は三〇分だけ、と言いたかったのです。日本語では「晩ご飯にかける時間は三〇分だけです」としなければなりません。「晩ご飯」という一連の動作をするのに使う時間が三〇分だけだ、という表現です。

さあ、学生になんと説明すればいいか……。はっきりとした「終結」がわかりやすいもの……。授業の終わりの時間が迫り、焦りつつも、頭の中で例文の引き出しを片っ端から開けていきます。

「みなさん、お医者さんが〝三〇分だけ手術します〟と言いました。お医者さんは忙しいから、三〇分だけしします。手術を始めました、三〇分です、もうしません。お医者さんは帰ります。〝三〇分だけ手術します〟は、手術は終わっていないかもしれません。こういう意味です。困りますよね。このときは、〝手術にかかる時間は三〇分だけです。〟と言います。手術を始めます、終わります。ここまでにかかる時間が三〇分、という意味です」

まあ、わかったんじゃないかな、という学生の表情を見て教室を後にしましたが、明日、もう一度復習をしてみようと思います。

さて、先ほどのはっきりした「終結」がある動作でも、「毎日」や「いつも」をつけ、その動作を習慣化することによって「三〇分だけ」をつけても変ではなくなるものもあります。しかし、そこまで説明すると、また混乱を招きそうなので、ここでストップ。彼らの日本語がレベルアップして、疑問が出たときに説明することにしましょう。

（イラスト：筆者）

「頑張って！」と〝加油！〟

芳沢 ひろ子

日本人は「頑張って」という言葉が好きだ。いろいろな場面で使う。明日試験を受ける人に「頑張って！」、沿道でのマラソンの応援も「頑張って！」。病気で入院した友人を見舞って「頑張って！」、これから手術、耳元で「頑張ってね」。地震で被災した人に「頑張ってください」、原発の風評被害に苦しむ地域に「福島、頑張れ！」。仕事を失ったり、喪に服する人にも「頑張ってください」は使える。闘志に燃えている人にも不安におびえる人にも悲しみにくれる人にも、励ます言葉としてこの言葉を使うことができる。この「頑張って」を中国語に訳そうとするとき、反射的に浮かぶのが〝加油！〟jiāyóu だが、この〝加油！〟にも「頑張って」のような万能性はあるのだろうか？

前述の例でいうと、マラソンなど運動競技や、明日試験という人に〝加油！〟は使える。これ以外、病気の人、被災地の人など困難の中にある人や、仕事を失ったり親族を亡くしたりして落ち込んでいる人には一般に使えない。また〝加油！〟は、たとえば「フレーフレー！」「ファイト！　ファイト！」などのような「掛け声」として使われることが多く、「頑張る」、つまり「努力してやり抜く」「辛さに耐える」「苦痛や悲しみに負けない」など実質的な意味を持ち、単なる応援の掛け声ではない場合は使いにくい。これはなぜだろうか？

おそらく〝加油！〟と「頑張って」の語の成り立ちの違いにその原因があるのだろう。「頑張って」は、「頑張る」を終止形とするラ行五段活用動詞の連用形に助詞の「て」がついたものだ。「頑張る」は「頑張らない」「頑張ろう」「頑張ります」「頑張って」「頑張れ」など、助詞や助動詞と結びついていろいろな形と、一つには収まらないさまざまなニュアンスを持つ。一方〝加油！〟も「給油する」という意味の動詞だが、「頑張って」の意味で用いられるときは一種の比喩である。給油するように力を入れろ、頑張れという励ましの言葉だ。

語源としてはいろいろな説があるようだが、油しぼりという重労働の際の〝号子〟hàozi（掛け声）、つまりあの美輪明宏が歌う『ヨイトマケの唄』に出てくる「エーンヤコーラ！」のようなものだったという説が面白い。掛け声だから「フレーフレー」系に一番なじみがあるのだろうか？

〝加油〟はスポーツ大会や〝工作比赛〟gōngzuò bǐsài（作業競争）など、「フレーフレー」と掛け声をかける応援がぴったりの場面で使われる。ここで用いられたときは「頑張って！」と訳すことができ、あたかも「頑張る」と〝加油〟はどんな場面でも置き換え可能のように見える。が、これは「頑張る」という言葉が応援の掛け声的意味を持つときのみ似ているのであって、「頑張る」が他の意味、「努力する」「やり抜く」「耐える」「もちこたえる」などを持つときはそれぞれの意味にふさわしい中国語を用いなければならない。

例えば病気で入院した人や災害の被災者などには〝挺住〟tǐngzhù（めげるな）などが使われる。「苦難の中で折れてしまうな」ということだ。ここでは〝加油！〟は一般に使えない。〝加油！〟は走っている車のように今馬力を出して頑張っている人、またこれからまもなく頑張る人に使う。病人や被災者は打撃を受けてうずくまっているのであって、「走っている車」のイメージはない。

四川大地震（震源は汶川）のときのスローガンは〝汶川 Wènchuān 挺住！〟だ。〝汶川〟の人は苦難の中で折れそうになっている。折れそうな人に必要なのはそこで踏ん張ることで、給油することではない。〝加油！〟を単に「頑張って！」と訳してしまうと、なぜ〝汶川加油！〟ではなく〝汶川 Wènchuān 挺住！〟となるのか（〝汶川加油！〟というスローガンもないことはないが）、わからなくなる。

つまり一般的に〝加油！〟は、走っている車のように今馬力を出して頑張っている人、またこれからまもなく頑張る人に「フレーフレー頑張れ！」と掛け声をかけるような場面において用いる。したがってそれ以外の「頑張って！」が持つ多様なニュアンスは、それぞれ具体的に訳さなければならない。たとえば家族を亡くし悲しみにくれる人に、「（あまりに気落ちなさらないよう頑張ってください」と言いたいときは〝节哀顺变〟jié āi shùn biàn（どうか悲しみすぎないようにしてください）などを使う。〝加油〟は万能ではない。「頑張って」をつい口にしがちな私たち日本人は、頭で転換して中国人に〝加油〟と言ってしまう前に一呼吸置こう。

鬼の話

佐藤 嘉江子

先日、ちょっとした縁で曹乃謙の《到黑夜想你没办法——温家窑风景》を読む機会を得た。文革期の山西省の農村（〝温家窑〟という架空の村）を舞台にした連作短篇集である。描かれているのは、貧しい農村の人々の食と性への凄まじい飢え。想像を越えたその凄まじさに、最初は読み間違いをしているのではないかと疑ったほどだ（正直、山西方言と罵語が多くて、読み始めちょっと手こずったのである）。

最後の中篇に、〝鬼妻〟という単語が出てきた。物語の筋から見て、意味は「亡霊の妻」、死者を妻として迎えることなのだが、あまりの不思議さにインターネットで検索をかけてみた。ホラー映画だのコメディ漫画だのにまじって、亡霊婚、冥婚がヒットした。浅学にして知らなかったが、そういう風習があるのだった。

〝鬼〟は面白い単語である。原義は「亡霊、幽霊」。『現代漢語詞典』の語釈①を直訳すれば「迷信深い人々の言うところの死後の霊魂」。そこから、②よろしくない嗜好や性向の持ち主（嫌悪の気持を含む）、③こそこそするさま、まともでない、④悪だくみ、⑤あくどい、ひどい、⑥利発であるなど、さまざまな意味が派生してきた。

私が最初に中国語の〝鬼〟を意識した単語は、〝鬼话〟だった。《中国鬼话》という本を買ったからである。次が〝酒鬼〟（飲んだくれ）、〝烟鬼〟（ヘビースモーカー）。『現代漢語詞典』の語義②である。今から思えば使い方としては日本語で言う「仕事の鬼」と似たようなものかもしれないが、当時は「こういう言い方をするのか！」という驚きから、〝胆小鬼〟（臆病者）、〝吝啬鬼〟（けちんぼう）、〝冒失鬼〟（粗忽者）、〝色鬼〟（色魔）など、いろんな〝鬼〟を集めて面白がった。

次に覚えたのは〝鬼鬼祟祟〟（こそこそしている）。偶然にも『現代漢語詞典』の語義の順に習得している。しかし〝鬼鬼祟祟〟は私の中での〝鬼〟の概念とうまくかみ合わず、狐につままれた気分になった記憶がある。語義④を先に学んでいたら、この違和感はおそらく生じなかったろう。④の例句の〝心里有鬼〟を、私は「心の中に鬼がいる」→「悪だくみを抱いている、やましいところがある」と理解したから。その後、円形脱毛症になったり金縛りにしばしばあったりという体験を通して、中国人の友人や先生から、円形脱毛症は〝鬼剃头〟、金縛りは〝被鬼〟というなどと学ぶにおよんで、〝鬼〟というのは要するに「この世のなせる業とは思えぬことやものを表すのだな」というたいへん大づかみな理解に落ち着いた。第一義は亡霊で第二義以降は人間だから、その中間にあるもの、あるいは「人の心に棲む鬼」ととらえてもいいかもしれない。

〝鬼〟を最初に意識した単語〝鬼话〟を、私はずっと「怪談」だと思っていたのだが、最近になって、辞書的には「でたらめ、うそ」の意だと知った。迷信的なものを排するという点では怪談も「でたらめ」であり「うそ」だけど……と思いながらも、ずっと間違って理解していたことに少なからずショックを受けた。

〝被鬼〟も中国人の中国語の先生から教わったので、こういう単語があるものとずっと思っていたのだが、最近になって疑念がきざしている。辞書にはないし、インターネットで検索してみても〝被鬼压身〟（鬼に身体を押しつけられる）、〝被鬼压床〟（鬼にベッドに押しつけられる）などは出てくるが、単語としての〝被鬼〟はヒットしないのである（だからと言って「そういう言葉はない」と断言はできないが）。〝被子〟（掛け布団）のように〝被覆〟（覆う）してくる〝鬼〟。寝ているときの金縛りのあの状況を表現するにはぴったりだと思うのだが、人間ではない〝～鬼〟は「公的市民権」を得るのは難しいのだろうか。

しかし『现代汉语词典』（第6版）では〝催命鬼〟（死神）、〝吊死鬼〟（首をつって死んだ人）などが見出し語として新たに加えられているようなので、人間以外の〝～鬼〟も「市民権」を得つつあるのかもしれない。

「ジャン」先生

白根 肇

あるとき一人の生徒が〝ジャン老师在吗？〟と「ジャン」先生を尋ねてやって来た。その「ジャン」先生は、〝我就是。什么事儿？〟と学生と話し始めた。「ジャン」先生とその生徒はお互い面識はなく、彼はある先生からの用事を言いつかって「ジャン」先生を尋ねて来たのである。しばらく話をしていたが、「ジャン」先生曰く〝你不是来找我的吧。我是张老师。你找姜老师吧！〟。その学生、その後〝张〟と〝姜〟の発音を先生に何回か直されるが、なかなか〝姜〟老师と正しく言えなかったようだ。

問題なのは〝张〟と〝姜〟の発音である。ピンインはそれぞれ〝Zhāng〟と〝Jiāng〟。〝姜〟Jiāngと言ったつもりが、〝张〟Zhāngに聞き違えられたということだ。

この学生、すでに中国語検定三級を取得している中国語中級者である。その後、数人の先生に聞いてみたが、結構レベルの高い生徒でも同様の間違いが見られるというから厄介だ。

ご存じの通り〝j, q, x〟（平舌音）と〝zh, ch, sh〟（そり舌音）の対立であるが、学習者の多くは、舌を撥ね上げるか否かで発音を区別しているようだ。

確かに、舌を撥ね上げるかどうかは大切だが、それだけを意識し〝j〟に続く〝i〟の音が抜け落ちてしまっているのである。実際、中国で〝j, q, x〟（平舌音）と〝zh, ch, sh〟（そり舌音）の区別をしない地域がかなり多い。その地域に住んでいる人たちは、舌を撥ね上げるかどうかではなく、〝i〟の音の有無で〝ji, qi, xi〟（平舌音）と〝zhi, chi, shi〟（翅舌音）の音を区別しているのである。ピンインでは同じ〝i〟でも、音色はずいぶんと違う。前者はするどい〝i〟である。

〝我想……〟の〝想 xiǎng〟、〝我家……〟の〝家 jiā〟など、〝i〟の音がしっかり発音されているだろうか。

カタカナで外国語の発音を表すのはあまり良くないと思うが、今回は説明をわかり易くするために敢えて使わせてもらえば、〝jiāng〟を「ジァン」ではなく「ジアン」のように真ん中の「ァ」を大きい文字の「ア」のように発音すると〝i〟の音が響くようになる。同様に、〝想（xiǎng）〟

も「シァン」ではなく「シアン」、〝家jiā〟は「ジァ」ではなく「ジア」のように発音すると良い。

もし間違って（混同されて）発音されても、多くの場合、文脈から類推され、聞き間違いが起こらない場合も多いが、「おかしな」発音で聴き取られていることは間違いない。メロディのような抑揚のある美しい音に惹かれて中国語を始めた学習者も多いであろう（私もその一人であるが……）。そんなきれいなメロディを「奏でる」ためにも、細かいことではあるが、丁寧に発音することを心掛けていきたいものである。

「すみません」と〝对不起〟

黄琬婷

「すみません、この席、空いていますか?」「すみません、お先に失礼します」「すみません、この前の件なんですが」「わざわざ来てくれてどうもすみませんでした」日常生活に頻繁に使う表現として、「すみません」は間違いなくその中に入るだろう。辞書(『大辞泉』)によると、「すみません」は「すまない」の丁寧語。相手に謝罪・感謝・依頼などをするときに用いるとある。例えば、「連絡が遅れてすみません」のように。

「すみません」に対応する中国語としては〝对不起〟等が挙げられる。「すみません」と同じように、相手に謝罪するとき、あるいは被害を与えたとき、中国語も〝对不起〟が使われている。

a.〝对不起，早上地铁延迟，来晚了。〟

「すみません、今朝地下鉄が遅延して、遅くなってしまいました」

b. 〝对不起，最近实在是太忙了，没给你发邮件。〟

「すみません、最近本当に忙しすぎて、メールしていませんでした」

「すみません」と〝对不起〟はこのように対応しているので、「すみません」を使うこと自体にあまり違和感はなかった。さらに、日本語では、人に感謝や依頼をする場面においても、「すみません」はごく普通に使われている。自分の中国語の語感のせいか、感謝や依頼のときに「すみません」を使いこなすまで多少時間がかかった。なぜなら、中国語では、このような場合〝对不起〟は使いにくいからである。

c. （エレベーターの前で人に譲ろうとする時）

〝您先请〟「どうぞ」

〝谢谢／?·对不起。〟「どうもすみません」

d. 〝请／麻烦／?·对不起你务必通知他们下周开会的事。〟

「すみませんが、来週の会議のことを必ず彼らにご連絡下さい」

中国語では、感謝や依頼の場合〝对不起〟より〝谢谢〟〝请〟〝麻烦〟等を用いることが多い。

そのため、日本語で人に感謝したり依頼したりするとき、「すみません」を使えるようになり、それが定着するまでには若干時間がかかるのではないかと考える。

それでも、日本に居て、日本語を使う時間が長くなればなるほど、感謝や依頼のときに「すみません」を使う頻度もだんだん高くなってきているような気がする。「すみません」の用法がしっかり身に付いたことはうれしいことである。しかし、困ることもある。それは中国語のネイティブの方に感謝や依頼をするとき、逆に〝对不起〟を多く使ってしまうことである。言葉の習慣の切り替えも大事かもしれない。

「いいね！」と〝赞（讚）〟

楊華

フェイスブックなどの世界的なソーシャル・ネットワーキング・サービス（SNS）が世の中にすっかり浸透している現在、日本でお馴染みの「いいね！」に当たる中国語の〝赞（讚）〟zànが脚光を浴びるようになった。今、ネット用語の中で最もよく目に入る漢字の一つだと言っても過言ではない。

繁体字の〝讚〟は台湾では二〇一一年度の代表的な漢字に選ばれ、簡体字の〝赞〟は中国大陸では〝汉语盘点二〇一四年度字词〟（中国語を代表する二〇一四年度の文字単語）に選ばれた。

〝赞（讚）〟は中国語では、「助ける、支持する」「称賛する、たたえる」の意味をもっている。もともと中国のSNSでは、「グッドジョブ！」「いいね！」の意味で、〝赞（讚）〟ではなく、〝喜欢〟が使われていたが、二〇〇九年にフェイスブックが登場し、台湾では「いいね！」の意味として〝赞（讚）〟を使うようになり、二〇一〇年に中国で最も流行っているSNSの「QQ空間」が〝赞（讚）〟を使うようになって、その後、「weibo（微博）」（中国版Twitter）、「WeChat（微信）」（中国版LINE）などにも使われ、現在の定着に至った経緯がある。

標準中国語（普通話）では〝赞（讚）〟は単独の一文字で、日常生活の中ではあまり使わない。ふつうは〝赞歌〟〝赞成〟〝称赞〟などのような二音節語の一形態素として用いられている。実際、SNSで使うとき、口頭で表現すると、〝点（个）赞〟〝给（个）赞〟〝来（个）赞〟になる。すなわち、「〝赞（讚）〟（いいね）をクリックする」という意味で使われ、〝赞（讚）〟はここでは名詞用法になっている。また、〝赞（讚）一个〟のように〝赞（讚）〟を動詞として用いる場合もある。いずれにしても、あくまでもネット用語に限って、単独で使えるようになったのである。

しかし、台湾では、〝讚〟は形容詞としてよく単独で使う。二〇一三年に台湾で出版された『台灣人也不知道的台式國語』（曹銘宗著）の中にもこの〝讚〟が紹介されている。SNSで使われている台湾国語の〝讚〟はどうやら台湾方言（閩南語）起源のようである。〝閩南話〟とは中国の福建省などでもよく使われている方言である。その中で、人を褒めたたえるときに〝讚〟（tsan）をよく用いる。（tsan）という発音の正字表記についてはいろいろと議論があったが、台湾国語の「讚美」という単語の意味に相当することから「讚」という文字表記に定着したようである。台湾国語の中では、〝讚〟という字は非常に感心した際に褒める言葉として、親指をたてて一言、〝讚〟というのが最もよく見られると言われている。

また、もし語気を強めたいなら、程度副詞を前につけて、〝真讚〟、〝有夠讚〟というのも使える。台湾国語の〝讚〟の意味用法は中国語の〝棒〟と似ている。語気を強めていう場合は、〝真棒〟（すごい）〝超級棒〟（超すごい）ということもできる。中国大陸に入るや、その「素晴らしい」という意味用法をベースに、さらに中国語の〝赞（讚）〟の「支持する、たたえる」などの意味合いを加えたと思われる。親指を立てる〝赞（讚）〟のボタンをクリックするだけで、相手にはっきりとした「あたたかく支持する」というメッセージを伝えることができるのはまさに〝有夠讚〟である。

日本語では、これまでフェイスブックは「いいね！」ボタンしか存在しなかったため、好ましくない内容の投稿記事に対しても、意思表示の選択肢が「いいね！」かスルーかの二択しかないことに批判が集まっていたが、今年に入って、二〇一六年一月十四日に、「いいね！」以外に、「超いいね！」「うけるね」「すごいね」「悲しいね」「ひどいね」の五つの感情を表すリアクションのボタンが追加された。中国語では今のところ、そのような動きはまだ見られない。あるいは、中国語の〝赞（讚）〟のもっている意味がもともと「いいね」よりもっと広いからかもしれない。

〝赞（讚）！〟と力強く言い切るこの言葉、結構響きが良くて、気持ちいいと台湾人の友達に言われたことがある。私もこれから、たくさんの〝赞（讚）〟がもらえるように頑張ってみたい。

数字と成語

郭 雲輝

中国人は昔からなぞなぞが大好きです。そして、成語、特に四字成語や四字熟語を愛用することもよく知られています。そこから、成語となぞなぞとを結びつけるのも至極自然なことです。スマートフォンの普及にともなって、WeChat の利用者数が急増して、そこで利用できるゲームも数多く登場している昨今ですが、先日「数学の先生が作った（四字成語の）なぞなぞ」というのが現れて、流行っている模様です。もともと数学が好きだった私も興味津々で、試しにやってみたら、とても面白かったです。数字が並べられているのですが、それをヒントに四字成語を当てるというクイズです。いくつかご紹介しましょう。みなさんもご自分の四字成語力を試してみませんか。

まず、①～⑤をご覧下さい。

① 5 10
② 1 2 3 4 5
③ 1 2 4 6 7 8 9
④ 2 3 4 5 6 7 8 9
⑤ 1 2 3 4 5 6 9

①の場合は、5が一つ、10が一つですね。中国語で言うと、〝一个五，一个十〟yí ge wǔ,yí ge shí ということになりますが、そこから、〝一五一十〟yī wǔ yī shí という四字成語が連想されます。〝一五一十〟は、副詞相当語で、「一部始終。漏れなくつぶさに」という意味を表す成語です。

②は1から5までの数字が並んでいますが、これは片手の指を折って数えることが出来るので、〝屈指可数〟qū zhǐ kě shǔ ということになります。意味は「指折り数えるほどしかない。数が少ないこと」です。

③は1から9までの数字が並べられていると思ったら、3と5が入っていないことから、〝隔三差五〟gé sān chà wǔ という四字成語が連想されます。直訳すると、「3が飛んでおり、5が抜けている」となるところですが、「(時間の間隔が短い) しばしば。ときどき」という意味です。

④の場合は、2から9までの数字が並んでいるのを見て、1と10が抜けていることに容易に気がつくはずです。これを中国語で表現すると、〝缺少一，十〟quēshǎo yī, shí ということになり

ます。そこから〝缺一少十〟quē yī shǎo shí となり、同音の四字成語である〝缺衣少食〟quē yī shǎo shí を連想させるのです。意味は「衣類も食料品も不足している（生活に困っている）」ということです。

⑤となると、一桁の数字が1から6まで並び、さらに9がありますが、その間に〝7〟と〝8〟が落ちているため、「ばらばらである」ことを表す〝七零八落〟qī líng bā luò という四字成語を仄めかすことになっています。

同じ調子で、もう少し挑戦してみませんか。

⑥　333　555

3と5がそれぞれひとまとまりのグループになっています。言い換えれば、群らがっているので、〝三五成群〟sān wǔ chéng qún という四字成語が連想されます。これは基本的に「三々五々」の意味を表しますが、人間にしか使われません。

⑦　3.4

少しレベルアップして、小数が出ていますが、この数が3より多いし、4より少ないことから「3でもなければ、4でもない」ので、否定的な意味を表す〝不三不四〟bù sān bú sì（a. ろくでもない。いいかげんである。まともでない。b. 体をなしていない。変である）という語を引き出すのが狙いです。

⑧　$\frac{7}{8}$

これも分数（八分の七）です。〝8〟が下に位置し、〝7〟が上に位置するので、〝七上八下〟qī shàng bā xià（気が気でない。心配でたまらない）という答えになります。

以下の問題は、数学の式で、多少難解かもしれません。

⑨　1：1

1対1なので、意味的に考えれば、〝不相上下〟bù xiāng shàng xià（甲乙つけがたい。優劣の差がない。似たり寄ったり）という語が浮かんでくるでしょう。

⑩　1^n（1的n次方）

これは1のn乗であり、あくまでも1という値にしかならないから、〝始终如一〟shǐ zhōng rú yī（終始一貫する）が求める答えになります。

⑪　20÷3

これは割り算で実際に演算してみる必要があります。すると、割り切れずに、商は6.6666…になりますが、アラビア数字の6を漢数字（大字）に変換すると〝陆〟（陸）になるのです。それが続いていることから、〝陆续不断〟lù xù bú duàn（続々と行われる様子）という四字成語が連想されます。

⑫　1÷100

これも割り算ですが、百分の一になるので、答えは〝百里挑一〞bǎi lǐ tiāo yī（百の中から一つ選ぶ。抜群である）というわけです。

⑬　0＋0＝1

最初から間違っている計算であることは、誰の目にも明らかですね。〝0〞が「無」を意味し、〝1〞が「有」を意味するので、この問題の答えは、〝无中生有〞wú zhōng shēng yǒu（根も葉もないことを言う。事実を捏造する）です。

⑭　0＋0＝0

計算はちゃんと合っていますが、〝一无所获〞yī wú suǒ huò（何も収穫がない）という四字成語を暗示する問題です。

⑮　9寸＋1寸

足し算の問題ですが、〝9寸＋1寸＝10寸、10寸＝1尺〞という計算になるので、〝得寸进尺〞dé cùn jìn chǐ（欲望はとどまるところを知らない）になります。

このように、四則計算が読み取れないとちょっと無理があるかもしれませんね。皆さんは、どれぐらい正解できたでしょうか。

謎の中国サッカー用語

――辞書を編むのは大変だ

河村 雅子

この秋で息子がサッカーを始めて五年になる。始めたばかりの頃は、私はサッカーがまったく分からなかった。恥ずかしながら、なぜ多くの子供が「ＨＯＮＤＡ」と書かれたＴシャツを着ているのか分からなかった。しかし、今では私も「にわかサッカーファン」となり、サッカー雑誌まで読むようになった。日本のものだけでなく、中国語の勉強もかねて中国のサッカー雑誌も読んでいるのだが、気楽な短い記事ですら読むのが難しい。辞書を引いても載っていない語も多い。それは専門用語だけでなく、ごく簡単な語も意外と載っていない。

例えば、辞書には「パス」や「ドリブル」という語がない。中国で最も権威のある辞書《现代汉语词典（第6版）》には、「パス」や「ドリブル」という基本語が載っていない。私は「中国サッカー界はどうなっているのだ。パスやドリブルという言葉を使わないでサッカーをしているのか」と思ってしまった。

しかし、よく考えてみると、これはサッカーの問題ではなく言葉の問題だった。ここに誰でも知っているようなサッカー用語をいくつか挙げる。

〝足球〟zúqiú（サッカー）
〝球门〟qiúmén（サッカーゴール）
〝射门〟shèmén（シュートする）
〝传球〟chuán qiú（パスする）
〝带球〟dài qiú（ドリブルする）

前述の《现代汉语词典》には、〝足球〟や〝球门〟や〝射门〟は載っているが、〝传球〟や〝带球〟は出ていない。なぜ中国の辞書には「パス」や「ドリブル」が語として載っていないのだろうか。

日本語を例にして考えると、日本語の辞書には「読む」や「本」は語として載っているが「本を読む」は載っていない。中国語も同じで、〝看〟kàn（読む）や〝书〟shū（本）は載っているが〝看书〟kàn shū（本を読む）は載っていない。語は辞書に載るが、「本を読む」のような単純なフレーズは辞書には載らない。

つまり〝传球〟は〝传〟（渡す）と〝球〟（ボール）で、〝带球〟は〝带〟（持つ）と〝球〟（ボール）だ。「本を読む」が辞書に載らないのと同様に、〝传球〟（ボールを渡す）や〝带球〟（ボールを持つ）もフレーズであるため辞書には載らない。中国人には〝传球〟や〝带球〟は語とは見なせないのだろう。この感覚が日本人には薄いため、日本の中国語辞典には〝传球〟も〝带球〟も語として載っている。

もう一つ、外国語教育という観点も考慮しなければならない。中国人にとってはフレーズかも知れないが、日本人にとっては語として教えておきたい、そのような言葉は他にもある。

〝点菜〟diǎncài（料理を注文する）
〝回家〟huíjiā（帰宅する）
〝爬山〟páshān（山に登る）
〝好吃〟hǎochī（おいしい）

これらの言葉は、『现代汉语词典』には載っていないが、『中日辞典』（講談社、第3版）を初め、日本の中国語辞典にはたいてい載っている。中国人は「日本人は語に対する感覚が変だな。こんな事まで辞書に載せるのか」と思っているかも知れないが、これらは教育的配慮なのだ。

しかし一方、中国人の感覚も一枚岩ではなく、語なのかフレーズなのか揺れ動いている語も存在する。やはり中国で権威のある辞書『现代汉语规范词典』には前述の〝传球〟は語として載っている。また、台湾の『新編國語日報辭典』にも〝傳球〟が語として登録されている。他にも〝开车〟kāichē（車を運転する）は『现代汉语词典』や『新編國語日報辭典』には語として載っているが、『现代汉语规范词典』には出ていない。

ちなみに、〝带球〟を語として載せている中国の辞書を探しているのだが、今のところ見あたらない。〝带球〟が語として扱われる可能性が極めて低いという事だろうか。

ここで私はふと思った。〝带球〟の日本語訳は本当に「ドリブルする」で良いのか。〝带球〟は直訳すれば「ボールを持つ」だ。ドリブルしていなくてもボールを保持していれば中国語的には〝带球〟という状態だ。一方、日本語の「ドリブル」はドリブルしていないと「ドリブル」とは言えない。「ドリブルはしていないけれどボールを保持した状態」を日本語では一語で何と言うのだろう。もしかすると、この〝带球〟の意味の広さが〝带球〟が語として扱われにくい要因だろうか。

中国のサッカー雑誌を読んでいると、「パス」と「ドリブル」という言葉だけで、こんなにも分からないことが出てきてしまう。

このエッセイを書きながら、私は中国語学習で最も大切な事を学んだように思う。

それは「辞書作りだけには手を出すな」だ。我が家の家訓にしようと思った。

〝厉害〟lìhaiは、恐ろしい⁉

川名 理惠

〝你真厉害！〟と言われて驚いたことがある。

『中日辞典』（講談社、第3版）を見ると、〝厉害〟は「激しい」「ひどい」「きつい」「すごい」「恐ろしい」の意味の形容詞である。例文としては、

他很厉害，孩子们都怕他（tā hěn lìhai, háizimen dōu pà tā）彼はとても厳しいから子供たちはみんな怖がっている。―抽烟抽得很厉害（chōuyān chōude hěn lìhai）かなりのヘビースモーカーである。―肚子疼得厉害（dùzi téngde lìhai）お腹が痛くてたまらない。―她的嘴很厉害（tā de zuǐ hěn lìhai）彼女は口がきつい。―让他知道知道咱们的厉害（ràng tā zhīdaozhīdao zánmen de lìhai）ちょいとやつを懲らしめてやろう。

『现代汉语词典』（第6版）で意味を引いても、〝剧烈〟（強烈である）、〝凶猛〟（獰猛《どうもう》である）、〝严厉〟（厳格である）などが並んでいる、このように、日中の代表的な辞書で見る限り〝厉害〟は甚だしさを表すマイナスイメージの言葉であることがわかる。

さて冒頭で〝你真厉害！〟と言われ驚いたというのは、以前、私が中国語の試験に合格したことを中国人の友人に報告したときの話である。当然ながらお褒めの言葉にあずかれると思いきや、友人から〝你真厉害！〟と言われた私は、非常に当惑した。〝厉害〟について前述のような、辞書にある意味しか知らなかった私は「おー、コワっ」「恐ろしい」と言われたのかと思ったのだ。当惑気味の私に気付いた友人が、〝厉害〟には「すごいね！」「素晴らしい！」という褒め言葉としての意味があることを教えてくれ、ようやく安堵したという次第である。

爾来、〝你真厉害！〟と言われても、落ち着いて〝过奖过奖〟（それほどでもないですよ）とか、〝哪里哪里〟（とんでもない）と返答できるようになった。ところでこの「すごいね！」であるが、これまで、〝真棒！〟、〝不错！〟などが使われることが多かったように思うのだが、もしやこの使い方、日本語の「やばい美味しい」の「やばい」のように、元来マイナスイメージであった語がプラスに転化された、いわゆる若者言葉に相当するものなのではないだろうか。そこでネイティブの方に伺ってみたところ、〝厉害〟の褒め言葉としての用法は決して若者言葉でも新しい用法でもなく、三十年以上前、その方の幼少期にはすでに定着していたとのこと。口語として使われ、新聞やニュースでは使われないが、中央电视台などの一般的な娯楽番組では会話の中で普通に使われてきたそうだ。

では、このプラスイメージの〝厉害〟、どのような場面で使われているのであろうか。例文を挙げてみよう。

（1）一个人拿了三项冠军，真厉害！
Yí ge rén nále sān xiàng guànjūn, zhēn lìhai!
（一人で三種目に優勝するなんて、すごい！）

（2）这位厨师真厉害，他做的菜很好吃。
Zhè wèi chúshī zhēn lìhai, tā zuò de cài hěn hǎochī.
（このシェフはすごいよ、彼の料理はとても美味しいんだ）

（3）那个杂技团的小狗真厉害！　它们都跳得那么高！

Nà ge zájìtuán de xiǎogǒu zhēn lìhai! Tāmen dōu tiàode nàme gāo.
（あの雑技団の子犬はすごいよ！　みんなあんなに高く跳べるんだから！）

このように、プラスイメージの〝厉害〟は、人や動物の能力や、その能力を駆使して達成したことに感心し、評価して「すごい！」「素晴らしい！」と表現する際に用いられる。従って、例文（2）の〝他做的菜〟を主語として「彼の作った料理は素晴らしい」としたいときは〝他做的菜非常好吃〟と言い換え、〝他做的菜很厉害〟と言うことはできない。あくまでも人の「腕」を褒めるわけである。

このようにプラスイメージの〝厉害〟は長年、広く人々に用いられ浸透しているにもかかわらず、主な辞書を見る限りにおいては未だその用法が反映されていないということは不思議といえば不思議である。近い将来、私のように〝你真厉害！〟と言われて凍りつく外国人の戸惑いが辞書編纂者のもとに伝わり、プラスイメージの「すごい」「素晴らしい」という語義が加筆される日も、そう遠くはない気がしている。

中国の諺、日本の諺

相原 茂

諺は中国語では〝俗话〟súhuà、あるいは〝谚语〟yànyǔ などという。長い間の庶民の智慧がつまっている。日本も中国も人間が暮らす社会だから、同じようなものが少なくない。また中国から取り入れたものもある。しかし、全く同じではなく、微妙に異なる。例えば、「朱に交われば赤くなる」は、中国語ではこうなる。

近朱者赤，近墨者黑。Jìn zhū zhě chì, jìn mò zhě hēi.

中国では後ろに「墨に近づけば黒くなる」がくっついている。赤と黒、前後で対になっている。意味も違う。日本では「悪い人と付き合うと悪くなる」だが、中国は「良い人に近づけば良い影響を受け、悪い人と付き合えば悪い影響を受ける」だ。つまり、人はその付き合う人によって良くも悪くもなる、と言う。中国はどちらもありだ。

次も似ている。日本はやはり前半だけだが、中国は後半に続く。

临阵磨枪，不快也光。Lín zhèn mó qiāng, bú kuài yě guāng.

戦いに臨んで槍を磨く、切れ味はあまりよくないがそれでも光る。つまり、試験前の一夜漬けでも多少は役に立つことを言う。「泥縄式」でも結構役に立つと主張する。日本語の「泥縄式」は事に出遇って慌てて準備をすることで、叱りつける意味合いがつよい。

そういえば、〝亡羊补牢〟もそうだ。これも後に〝未为晚〟と続く。

亡羊补牢未为晚。Wáng yáng bǔ láo wèi wéi wǎn.

羊が盗まれてから囲いを補修する、それでも遅くないと言う。

なんだか中国のほうがみんな前向きで楽観的だ。少なくとも、客観的に眺めていると言えるのではないか。次もそうだろう。

种瓜得瓜，种豆得豆。Zhòng guā dé guā, zhòng dòu dé dòu.

瓜を植えれば瓜が育ち、豆を植えれば豆が出来る。つまり、「努力に見合った成果があがる」ということだ。これには「因果応報、悪いことをすれば報いがある」との意味も含まれる。

これは中国語が対を重んじ、結果として、善悪、正反、得失など、物事を複眼的に眺めているためであろう。二つの眼で、両方を公平に取り上げている。そういう意味では、次のようなものも優れて中国的と言えるだろう。

公说公有理，婆说婆有理。

Gōng shuō gōng yǒu lǐ, pó shuō pó yǒu lǐ.

舅は自分に道理があると言い、姑は自分が理にかなっているという。それぞれ自分が正しいと主張する。

〝事业〟とは何か？

芳沢　ひろ子

中国語の中によく〝事业〟という言葉が出てくる。昔、通訳案内士試験の面接を受けたとき、試験官に〝你的事业是什么？〟と聞かれ、当時、専業主婦だった私は「願書にも主婦と書いたのに、なぜ事業なんて聞かれるんだろう？」と不思議に思った。〝事业是什么意思？〟と聞き返すと、〝你的爱好啦，体育活动啦……〟（趣味とかスポーツとか）と言われ、ますます訳がわからなくなった記憶がある。以来〝事业〟は私にとっていつも気になる言葉になった。

〝事业〟について辞書には①事業②営利を目的とせず、国の経費で運営される事業とある。この①について現代漢語辞典では「人が従事する、一定の目標・規模・システムを持ち、社会の発展に影響を持つ経常的活動」と説明している。

中国語通訳案内士の資格を無事取得した後、中国からの女性訪日団に通訳としてついた。「中国の女性の特徴は何ですか?」と聞かれると女性団長は胸を張るようにして〝中国的女性很有事业心〟と答えた。ああ、この「事業心」とは社会の中で活躍する精神ということなんだな、とおぼろげながらに感じ取った。

その後ある大学で非常勤講師として中国語を教えるようになり、そこで知りあった中国人の先生が日本で中国語の新聞を発行していらした。新聞発行の資金はどうしているんだろうと思い、お聞きすると、あちこちで非常勤講師をしてそのお金をつぎ込んでいるという。そこで〝搞报纸是您的事业吗〟(新聞をやることはあなたの「事業」なんですか)と聞くと、〝对对对!〟と大きな声でうれしそうに返事をすると授業に向かわれた。そうか、〝事业〟というのはこの言葉の背後に志があるのだ、と思った。単に食べていくためだけの口に糊する仕事は〝事业〟ではないのだ。

三国演義の連環画を読んでいると、劉備・張飛・関羽が兄弟の契りを交わす『桃園で義を結ぶ』の巻に〝干一番事业〟という言葉が出てくる。この〝事业〟の中身は後漢の再興であり、乱世に男として生まれたものの使命の全うである。無論ビジネス、金儲けなどではないし、生活のためにあくせく働くことでもない。

ある中国語のテキストに「今の中国で二人目の子供を産むことは、女性にとって〝无论事业还是生活〟（事業であれ生活であれ）失うものが多すぎる」という文章があった。この〝事业〟が示すものも単なる仕事ではない。もし日本語にするなら「キャリア」だろうか。中断するには惜しい、自分の人生をここに賭けようと一度は志を立てた仕事のことなのだ。

こうして初めて〝事业〟を耳にしたときから二十年以上経ち、〝事业〟という言葉は私にとって、魅力的な肉付きを増やし、いきいきとその意味を伝えるものとなった。

賢い妻か良い妻か

佐藤 嘉江子

私の頭に拭いがたく染みついている中国語作文のコツのひとつに、「出来事は発生順」というものがある。私は書くことが好きだったせいか、本格的に中国語を勉強し始めていくらも経たないうちから、熱心に作文に取り組んでいた。といっても、週二回のクラスで半年ちょっと学んだレベルで書ける文章なんて、たかが知れている。単語は日中辞典で調べれば何とかなるが、言い回しはそうはいかない。「見に行く」とか「遊びに行く」とか「連れて行く」などの複合動詞で、しょっちゅうつまずいた。多くは、補語を学んで一気に解決したが、それでも「買い物に行く」「公園に遊びに行く」を瞬時に〝去买东西〟〝去公园玩儿〟と言えるようになるには、かなり時間を要した。

だから、この「出来事は発生順」の原則が四字熟語についても当てはまることを知ったときには大変感動した。あるとき、中国人の友人が「多才多芸」と言ったので、「日本語では多芸多才が普通だ」と指摘したところ、「多才だから多芸になるので、多芸が先に来るなんておかしい」と言われたのだ。言われてみればその通りだ。でも日本人はたぶん「多芸」と「多才」をそういう因果としては理解していないだろう。「多芸」「多才」はそれぞれ別の能力ととらえているのではないか。

〝贤妻良母〟は日本語の「良妻賢母」と微妙に違っていて覚えにくい単語のひとつだったが、「発生順」で考えたらすぐに覚えられた。一般通念としては、まず妻があって母になる。さらに、賢いから良い母になれる。

このような「発生順」の四字熟語で日本語と微妙に違うものがもっと見つからないかと思って、手元にあった『反义成语词典』（蒋荫楠・編著／南京大学出版社／二〇〇一年）をぱらぱらと眺めていたら、なんと、〝贤妻良母〟の反義語が〝愚母悪妻〟になっているではないか！　母が先で妻が後。発生順セオリーは見事に崩れ去った。と思ったが、愚かな母だからそれはすなわち悪妻という因果かもしれない。悪妻だから愚かな母になるとは限らないが、愚かな母は悪妻と言っても間違いはなさそうな気がする。

だがここで視点を変えてみると、〝贤妻〟と「良妻」、〝良母〟と「賢母」という対照が気になる。妻の資質として望ましいのは、中国人にとっては賢いことで、日本人にとっては良いこと、母としては、中国人は良いことが望ましく、日本人は賢いことが望ましいと考えているのだろうか。

しかしながら、「賢」が表している概念が比較的はっきりしているのに比べ、「良」はいささか曖昧だ。何を以て「良妻」と言うのか。日本語だけで考えると、ちょっと男目線な感じもする。

例によって《現代汉语词典》を引いてみると、〝贤〟は「①〝有德行的。有才能的〟（徳がある。才能がある）（以下略）」。〝良〟は「①〝好〟。②〝善良的人〟（善良な人）（以下略）」。念のため〝好〟を引くと「①〝优点多的。使人满意的〟（優れた点が多い。人を満足させる）（以下略）」とあって、思わず笑ってしまった。まるで「夫を満足させるのが良妻」と言われているようだ。〝善良〟も引いてみたところ、「〝心地纯洁、没有恶意〟（心根が清らかで悪意がない）」とある。

どうやら、〝贤〟は徳と才、〝良〟は気立て心根ととらえて良さそうだ。もっと大まかな言い方が許されるなら、理性的なものと気持ち的なものと考えてもいいかもしれない。中国人的には、妻としては才徳を求め、子に対する者としては清らかで広い心を求めるということか。

日本語の「内助の功」は、（陰で夫を支える）妻の功績を言うことが多いが、「内助」という言葉そのものは「内部からする援助」という意味だ。それに対し、中国語の〝内助〟の意味は妻そのもので、〝贤内助〟は「賢妻」の意。だが日本人の語感から言えば〝贤内助〟は「賢妻」よりは「内助の功」と訳したい。〝贤〟だからこそ適切な援助ができ結果として「功」になるわけだが、日本人の感覚からすると、〝贤〟かどうかということよりも、「功」になったかどうかを重視している気もする。

妻や母にどのような形容詞がつくか、中日辞典で〝～妻〟〝～母〟で後方検索してみると、妻には〝贤〟以外に見るべきものはないが、母では〝慈母〟がヒットする。やはり母には思いやりや慈しみの心が求められているようで、こうして考えてくると、「良妻賢母」より「賢妻良母」のほうが望ましい気がしてくる。

そんなことおっしゃらないで

白根　肇

中国の大学を訪問していた時期があった。
あるとき、大学の〝对外汉语中心〟duìwài Hànyǔ zhōngxīn という外国人向けの中国語学習センターで、クラスの最優秀学生を招いて、国際学院院長主催の食事会が開かれた。私は学生ではないのだが、院長と知り合いということで、この食事会に同席させてもらった。その席で、院長が一人の学生にこう話しかけた。

〝你汉语说得不错。你学了几年了？〟Nǐ Hànyǔ shuō de búcuò. Nǐ xuéle jǐ nián le?
（君の中国語はなかなかだね。何年勉強しているの？）

するとその学生は、〝您别胡说八道！　我汉语哪儿好啊？〟Nín bié hú shuō bā dào! Wǒ

Hànyǔ nǎr hǎo a?（何をバカなことを言ってるんだ。俺の中国語のどこがうまいっていうんだ）と返答した。院長はもちろん、周りの先生方も皆思わず固まってしまった。

〝胡说八道〟とは、きつい表現なので使うときは要注意である。仲が良くなると冗談でときどき交わされる便利な言葉でもある。

A：你今年多大？ Nǐ jīnnián duō dà?（今年何歳？）

B：二十八。 Èrshibā.（二十八だよ）

A：你胡说八道什么呀！ Nǐ hú shuō bā dào shénme ya!（何バカなこと言ってるんだよ！）

AとBは気の置けない、親しい友だちである。

もう一つ出てきた〝哪儿……呢？〟は反語表現である。相手に反論するときに使われるから、これも気楽な友人関係でないと語気が強すぎる。

A：你真漂亮！ Nǐ zhēn piàoliang!（すごく綺麗だね）

B：哪儿漂亮啊？你才漂亮呢。 Nǎr piàoliang a? Nǐ cái piàoliang ne.（どこが綺麗だって？あなたのほうこそきれいだよ）

院長に誉められた学生、本当はこう言いたかったのであろう。

〝您过奖了。我还差得远呢。〟Nín guò jiăng le. Wŏ hái chàde yuăn ne.

（ほめ過ぎです。まだまだですよ）

しかし、普通に答えるだけでは最優秀学生としてのプライドが許さなかったのか、面白味がないと考えたのか、習ったばかりの〝胡说八道〟や〝哪儿……呢？〟の反語表現を使ってみたかったのではないか。

一瞬、ためらいをみせた院長だが、すぐに一人の中国語教師となり、即席の授業が始まった。その学生にとって生涯忘れられない授業となったことだろう。

このとき以来、あまり触れる機会のない単語ではあるが、〝胡说八道〟を見ると、この〝故事〟gùshi（出来事）が思い出される。

外国語を勉強していて、ある単語を見ると、その単語にまつわる〝故事〟やその単語を覚えた経緯などが思い出されることがよくある。あれから何年も経っているのに、そのときのことを思い出しながら瞑想にふける一時は、外国語学習者の醍醐味といっていいだろう。

火と牛

黄 琬婷

中国語では、次のような面白い表現がよく使われている。

（1）那家店很火。

（2）他很牛。

それぞれを日本語に直訳すると、（1）「あのお店はとても火である（?·）」、（2）「彼はとても牛である（?·）」。この訳はどう見てもおかしい。実は（1）は「あのお店はとても人気がある」、（2）は「彼はとてもすごい人だ」という意味を表している。

（3）那家店很火，每天不少人在排队。

（4）他很牛，唱歌比赛总拿冠军。

（3）（4）のように、〃火〃と〃牛〃はある物事や人間について使うとき、「普通を超えるレベル」という意味を示せるようである。日本語でも「人気に火が点《つ》く」、「人気が加熱する」、「人気が爆発する」等、人気と「火」とが関係している表現がある。ゆえに、（1）については、「あのお店の人気は、もう火のように燃えていて、とどまることがない」、こう考えれば、なんだか日本語でも少し理解できそうな気がする。

だが、（2）については、「彼の歌声が牛のようにすごくて、歌唱コンテストではいつもチャンピオンになる（?）」のように、「牛」と「すごさ」の関連を、日本語ではなかなか理解しにくい。そもそも、どうして「龍」とか「虎」ではなく、「牛」なのだろうか。

中国語では、昔から動物を使った表現が数多く見られる。〃生龙活虎、龙凤呈祥、龙飞凤舞〃等のように、「龍、虎、鳳」を縁起の良い言葉として使っている。特に、中国の両親がわが子の成功を願って言う〃望子成龙、望女成凤〃はよく知られている。

では、「牛」の場合はどうだろう。昔農業社会の中国では、牛は農作業に欠かせない存在だった。その勤勉な働きぶりから、文句を言わずにコツコツ働く人のことを〝老黄牛〟と表現する。だが、周りの人の話をあまり聞かない頑固な人の気性を「牛」に喩えて〝牛脾气〟とも言う。さらに、ホラを吹くことを〝吹牛（皮）〟という。つまり、「牛」は良い意味と悪い意味の両方に兼用されるのである。「牛」という表現の使用範囲が広いと言えよう。

「牛」と「すごさ」の関連については、辞書に載せられるほど定説となっていて、説明の必要はなさそうだが、《百度》でいろいろ検索してみたら、ある説に辿り着いた。昔、プロの職人が自分の技術に対し、随分「こだわり」を持っていた。こだわりがあるため、あまり人に妥協しない頑固な性格も身についていた。そのため、こういう気質を持つ職人のことを〝牛人〟といい、そこから転用され、あるすごい人のことを表現するとき、〝牛〟と形容するようになったと言われている。

「牛のような頑固さ→プロ職人のこだわり→すごい人」のように、「牛」が「すごさ」と関連付けられるようになったのではないか。この説明が本当かどうか私には判断ができないが、動物で日常生活のいろいろなことが表現できるのは実に面白いことに思える。

〝別〟bié と〝不要〟búyào はどう違う?

川名 理惠

「こちらでは、おタバコをお吸いになりませんように」
ツアーの団体行動中、三十名ほどのお客様に向け中国語で呼びかけることがある。この中国語訳、
〝请别在此处抽烟。〟Qǐng bié zài cǐchù chōu yān.
〝请不要在此处抽烟。〟Qǐng búyào zài cǐchù chōu yān.
どちらを使うかいつも迷うのだが、果たして違いはあるのだろうか。まずは〝别〟と〝不要〟の用法を見てみよう。

〝別〟と〝不要〟は、ともに副詞であり、連用修飾語として形容詞、動詞（句）の前に置き、しないように制止したり、禁止する意味で用いられる。

〝別〟は〝不要〟の合音であり、互いに置き換えられることが多いが、〝別〟には〝劝阻〟quànzǔ（しないように忠告する）の意味が、〝不要〟には〝劝阻〟のほかに〝禁止〟jìnzhǐ（禁止する）の意味があるため、ネイティブの方の語感では、〝不要〟のほうが〝別〟よりも語気が強いと感じられるそうだ。

また、〝別〟は気のおけない間柄の人や知っている人に対してフランクに使われ、よく知らない人に使うと、失礼で遠慮がない印象を与える。それに対し〝不要〟は比較的丁重であるが、それゆえ「冷ややかな容赦なさ」を持ち合わせているといえる。

（1）　你別（／不要）着急，我来帮你！

Nǐ bié (/búyào) zháoji, wǒ lái bāng nǐ!

（焦らないで、私が手伝いますから）

（2）别（/不要）高兴得太早，比赛还没结束呢。
Bié (/Búyào) gāoxìng de tài zǎo, bǐsài háiméi jiéshù ne.
（喜ぶのはまだ早すぎる。試合はまだ終わっていないんだから）

〝别〟は目の前の一人、或いはごく少数の人に対し、咄嗟に制止を促す際に使われることがある。この場合は即時性に重きが置かれ、〝别〟＋動詞のみで表される。

（3）〝别动！〟
Bié dòng!（動くな！）

（4）〝别吃！〟
Bié chī!（口に入れるな！）

（5）〝别说！〟
Bié shuō!（言わないで！）

例文（3）は、銃を構えながら相手に「動くな（動くと撃つぞ！）」というような切迫した場面、例文（4）は、子供がテーブルの上に置いてある薬を口に入れようとしたときに「口に入れるな！」と急いで制止するような場面、また例文（5）は「言わないで！」と即時に口止めをするような場面であり、いずれも目の前の一人か、ごく少数の相手に対し、非常に切迫感を伴って発話をしている。この用法、「あわやの〝別〟」とでも言えようか。この用法は〝不要〟にはない。

〝別〟にはまた、単独で使われる用法がある。

（6）〝我就先走了！〟――〝别，咱们还是一起去吧。〟
〝Wǒ jiù xiān zǒu le!〟――〝Bié, zánmen háishi yìqǐ qù ba.〟
（「お先に失礼するよ」――「ダメだ、我々はやはり一緒に行こう」）

例文（6）のように、主に会話の中で相手の言い分を「ダメ！」と打ち消す際、単独で使われる。〝别，别，〟（「ダメ、ダメ」）と重ねて使われることもある。この用法も〝不要〟にはない。

〝不要〟は、比較的フォーマルな場、公共性の高い場で、不特定多数の人に対して「制止」や「禁止」をする際によく用いられ、〝请〟を伴い〝请不要～〟で「どうか～しないで下さい」のように使われることが多い。〝请别～〟も使われなくはないが、〝请〟は、前述のように丁寧さをもつ〝不要〟とのほうが相性が良い。
冒頭の「こちらでは、おタバコをお吸いになりませんように」はここで解決できそうである。受話者は不特定多数のお客様であるから、ここは〝请不要〟を用い、〝请不要在此处抽烟。〟と言うのが適当であることがわかる。

〝不要〟はまた口語だけでなく、書面語にも用いられ、しばしば標語やスローガン、禁止事項の記載や説明に用いられる。この用法では〝别〟は用いられない。

(7) 不要（*别）随地吐痰，违者罚款。
Búyào suídì tǔtán, wéizhě fákuǎn.
（むやみに痰を吐くのは禁止。違反者は罰金です）

(8) 在燃料或化学制品附近时请不要（*别）使用本设备。
Zài ránliào huò huàxué zhìpǐn fùjìn shí qǐng búyào shǐyòng běn shèbèi.
（燃料や化学製品の近くで本設備を使用しないで下さい）

このようにみてくると、さしたる違いはないと理解していた〝别〟と〝不要〟であるが、なるほど用法にはずいぶんと違いがあることがわかる。

相原茂先生主編の『中国語類義語辞典』の帯に、「中国語　疑問の半ばは　似たもの語」とあったが、まったくその通りである。そして「中国語　類義語究めりゃ　上級者!?」……まだまだである。

第二部　文化論

六十六，非不寿

相原 茂

六十六歳になった。六十五の次だから六十六ぐらいにしか考えていなかったが、ふとしたことから〝六十六，非不寿〟liù shí liù, fēi bú shòu という言葉があることを知った。中国の有名な知識人、易中天氏のブログで見つけた。

どんな意味か。「六十六歳は長寿、つまり長生きでないとは言えない」ということで、六十六まで生きたならいつ死んでもまあまあの寿命だ、そんな意味合いだ。これはもともとは書家として有名な啓功先生の言葉であるという。で、易中天氏のブログにはこうある。

今天是龙年岁末，也是我的生日。借此机会，向各位网友问声好，给大家拜个年！启功先生有云：

六十六，非不寿。遂续貂如下：

とくに訳すまでもないだろう。最後の〝遂续貂如下〟suì xùshào rú xià は少し難しいか。啓功先生の言葉に僭越ながら以下のように続けてみたというのである。易中天氏はこう続けている。

六十六，非不寿。Liù shí liù, fēi bú shòu; 六十六なら、まずは長生き、
祸与福，都曾受。huò yǔ fú, dōu céng shòu; 禍も福も、すでに経験済み、
从今后，皆天佑。cóng jīn hòu,jiē tiān yòu; これから先は天の思し召し、
人生事，思量透。rén shēng shì,sīliáng tòu; 人生のことは、考え抜いた、
病要医，心照旧。bìng yào yī,xīn zhào jiù; 病があれば治療し、心は昔のまま、
多读书，少做秀。duō dú shū,shǎo zuò xiù; 多く書を読み、目立つことは避け、
高也成，低也就。gāo yě chéng, dī yě jiù; 高きも受け入れ、低きも厭わず、
学到老，活个够。xué dào lǎo, huó ge gòu; 老いまで学び、十分生きる、
六六大顺，谢谢诸位！liù liù dàshùn,xièxie zhūwèi! すべて順調にと祈り、皆さんにも感謝したい！

ネットを見ていると、〝启功先生自撰的墓志铭〟というのも出ている。その中に〝六十六，非不寿〟という言葉もある。

中学生，副教授。Zhōngxuéshēng, fùjiàoshòu, 中卒の身で、准教授になった；
博不精，专不透。bó bù jīng, zhuān bú tòu, 博学だというが、詳しくはない；
名虽扬，实不够。míng suī yáng, shí bú gòu. 名は知れ渡ったが、力不足だ；
高不成，低不就。gāo bù chéng, dī bú jiù, 高みには達せず、しかし低くもなく；
瘫趋左，派曾右。tān qū zuǒ, pài céng yòu, 左半身が麻痺、かつて右派と言われたのに；
面微圆，皮欠厚。miàn wēi yuán,pí qiàn hòu, 面はやや圓く、面の皮は薄い；
妻已亡，并无后。qī yǐ wáng,bìng wú hòu, 妻はすでに亡く、子供はなく；
丧犹新，病照旧。sāng yōu xīn,bìng zhào jiù, 葬儀の悲しみ癒えぬ間に、病は我が身を蝕む；
六十六，非不寿。liù shí liù, fēi bú shòu, 六十六ならまあ長生きだ；
八宝山，渐相凑。Bābǎoshān,jiàn xiāng còu, 墓地もぼちぼち近づいて；
计平生，谥曰陋。jì shēngpíng,shì yuē lòu, わが生涯を顧みれば、諡は「陋」の字が相応しい；
身与名，一齐臭。shēn yǔ míng, yìqí chòu. 我が身と我が名とともに鼻持ちならぬ；

よく意味の分からないところもあるが、それはこちらの学力不足のためである。

〝六十六，非不寿〞のあとには〝八宝山，渐相凑〞とある。言うまでもなく「八宝山」は北京の墓地の名、だんだんそこに近づいてきたという。しかし、実際のところ彼はこのあと九十三歳まで長寿をまっとうした。

一九七八年、啓功六十六歳のとき、妻、母親、恩師が相次いでこの世を去り、これまでの辛い年月を振り返り、このような悲痛とも自虐とも洒脱ともとれる《自撰墓志銘》を残した。墓にはこの墓誌銘が刻まれているという。それにしても〝六十六，非不寿〟の一句は、この年齢に達した人をして深く何かを思わせるものを含んでいる。

中国の文人はすごさがある。日本のマスコミの言うことばかり聞いていてはこういうすごさは分からない。

会社は誰のもの？

岸 弘子

上海の会社で中国人に日本語を教えています。今、受け持っている中級以上のクラスでは、日本語の教科書を教えるだけでなく、教師が準備したビジネスに関する文章を読み、参加者が討論する、という形式の授業もやっています。今まで、ジョブズやドラッガー、コトラー、日本人では本田宗一郎や松下幸之助などの文章が登場しました。

先日、本田宗一郎の文章に「ホンダは見事なまでに同族色を排している。……弟を退職させ、息子は採用してもいない」という下りがありました。「ソニーもそうだけど、日本の経営者は、会社が永続することを第一に考えて、優秀な他人を後継者に選ぶことが多い」と話すと、参加者は口々に「他人に会社を譲るくらいなら、つぶしたほうがいい」と反論してきました。

中国では、もちろん国営企業は除きますが、そもそも、会社は経営者のもので、経営の目的は家族の幸せだから、「会社は家族のもの」という考え方が一般的だそうです。また、最も信用できる人間が親族なので、社長の弟が副社長、奥さんが会計……というように、重要なポストを親族でがっちり固めるのが会社経営の構図としてはベストだといいます。「同族色」を排してしまったら、いつ会社が乗っ取られるか不安で仕方がない……ということでしょうか。中国のドラマでも、父親が経営する会社に、妻や娘が遠慮なくやってきて、まるで自宅であるかのようにふるまうシーンがありますが、まあ、日本ではありえないでしょう。

一方、日本の経営者は、何かポリシーがあって（たとえば、廃れゆく地域を活性化したいとか、日本の文化を世界に伝えたいとか）会社を始めることが多いかと思います。そして、いったん会社を始めたら、社員の幸せ、地域や社会への貢献も念頭に置いて経営するのが一般的です。出来の悪い息子を会社に入れて、会社にもしものことがあったら、社員や社会に対して申し訳が立たない、と思うわけです。

今や離職率が大問題になっている中国。会社への帰属意識が生まれにくいのも、会社は経営者のもので、社員は報酬と引き替えに労働力を提供する部品に過ぎない、という考えが一般的だからかもしれません。しかし、一方で、そう割り切ってしまうことで、うまくスキルアップしながら転職をしていき、最終的に身につけたスキルで自分の会社を起こす、という生き方も可能になってきます。

さあ、どちらがいいか、という問題になると、それほど簡単には結論は出せないと思います。それぞれの国の文化にあわせて、ベストな方法で進化してきたものでしょうから。私たちのその日の話し合いも、結局どちらがいいという結論までには至りませんでした。ただ、それぞれのメリットとデメリットについていろいろな意見が出て、なかなか面白い話し合いにはなったかな、と思います。

自転車をきれいに拭くか

張娜

先日川崎の公衆トイレで、一枚のポスターを見かけました。自転車盗難防止対策の第四条として、「車体をきれいに」とあります。理由は「やっぱりきれいな自転車は盗みにくいものです」とありました。

このポスターを読んで驚きました。なぜなら、私の常識では、盗まれたくなかったら「自転車は拭くな」だからです。

清華大学で仕事をしていたとき、年末パーティの抽選で、人生初の大当たりで有名ブランドの自転車をいただきました。新品で目が醒めるようなきれいな色の自転車だったので、外に駐輪するのは不安でしたが、いつまでも大事にとっておいてもしようがないので、父がその自転車で清華大学へ通勤していました。二重ロックをかけ、目を離す時間を最短にするように努めていました。

新品自転車は北京の空気と路面の土ほこりのおかげで思ったより早く汚れました。父は大喜びでした。「これで少し安心できる！」。父は繰り返し母に「汚れているが、これがいいのだ、絶対に拭くな」と指示をしていました。

その汚れに母は一カ月ほど我慢していましたが、とうとう限界に達し、ある日手間をかけてきれいに拭きました。翌日、父は自転車で出かけ、電車で帰宅しました。「ほら、拭くなと言っただろう。あれだけ拭くなと言ったのに……おかげで、二時間もしない内に消えてしまったよ」

北京、特に大学内とその周辺では、自転車の盗難ビジネスが盛んです。盗まれた自分の自転車はいつの間にか同級生がどこかから購入して乗っていた、というケースもあるそうです。防犯対策としては、如何に古い自転車を買うか、または新品のものに泥か変わったペイントを塗って、古く見せることです。

ちなみに、今日、私は自転車で出社しました。そして自転車に鍵もかけずに止めていました。退社のとき、まだそこにあったことにもう驚きません。ここは日本です。

中秋節

費　燕

旧暦の八月十五日は中秋節です。中国では盛大に祝う伝統的な祝日の一つです。一日休みになります。

中秋節は「団欒節」とも言います。子供の頃は中秋節になると、とても喜びました。家族全員そろってにぎやかになり、母がおいしいものを作り、父はスイカから梨まで、月に供える果物を蓮の花の形に切ります。おいしいものがたくさんテーブルに並び、普段食べられないものも食べられる、さらに普段は忙しい両親も手持ちの仕事を脇に置いて一緒に遊んでくれます。食後に月餅や果物を供えたテーブルに集まり、輪になって座ります。お月様を眺めながら月に関する伝説を聞き、月に向かって願い事を静かに託してから月餅を人数分に切って食べます。この伝統は今も変わらず伝えられ、中秋節になると、我が家の食卓には蓮の花状に切った果物が供えられます。代々伝わってきた伝統は人々の脳と心に刻まれています。

中国人は、十五夜の明るく真ん丸いお月様を見ると、自然に家族の団欒を願い、故郷を離れている人は故郷を恋しく思い、肉親を想う気持ちを月に託すのです。宋代の詩人蘇軾の「水調歌頭」という詩に、遠くにいる肉親や友達を想う気持ちと祝福を表す有名な一句に〝千里共婵娟〟（千里離れても同じ月を共にして過ごす）があります。また唐代の詩人王維の〝独在异乡为异客，毎逢佳节倍思亲。〟（一人異郷で旅人となり、節句に会うごとにますます肉親のことを想う）という詩も今日なお後人に伝えられ、ともに人々に愛誦されています。

日本に来たばかりのとき、まだ慣れていない環境の中で満月を眺めながら涙もろくなり、「どうして月が故郷のより小さく見え、明るさも違うのだろう」と、枕をぬらしたことがあります。気持ちによって同じ月が同じように見えないこともあるのですね。月は中国人の生活と親密な関係を持っていると言えます。

今日は最寄り駅の菓子店やスーパーに兎や満月の形をしたお菓子や、真ん丸い形の白いもち団子などが並んでいるのを見ました。中秋節は中国から伝わってきた祭事ですが、中国人が月餅を食べるのに対して日本人はもち団子を食べるようです。

中国には月に関する伝説がいくつかあります。〝嫦娥奔月〟（嫦娥が月にのぼる）、〝呉剛伐桂〟（呉剛が桂を切る）の他に〝玉兔搗药〟（兎が薬をつく）などがあります。月にいる兎は色が真っ白なので玉兎といい、月で不老長寿の薬を作っているそうです。日本にも月に兎がいるという伝説がありますが、月で「薬をつくっている」ではなく、「おもちをついている」に変わりました。出所が同じものであっても、その国の伝統や文化、習慣によって言い伝えが違ってきますね。

中国人のように満月に対して特別な感情連想を持っている国は他にもあるのでしょうか。

心から皆様の一家団欒、幸福、健康をお祈りします。

「〜さん」から「〜san」へ

三好 理佳

中国企業に勤める中国人の私ですが、軽い「カルチャーショック」は日常茶飯事です。その一つは社内での互いの呼び方です。

長く日本に住んでいるためか、敬称抜きで人の名前を呼んだりすることに非常に抵抗があり、とりわけメールなどを書くとき、中国語で書いても名前だけは「〜さん」をつけてしまいます。日本人を含めて周りの同僚を見ても同じ傾向があります。

私の場合は、相手が日本語がわからない中国人でも、名前だけまたはフルネームをそのままというのは気持ちが悪くて、入社したての頃はメールに「先生」や「女士」を使っていましたが、相手が明らかに二十代の若者だと、皮肉に聞こえないかと躊躇してしまいます。かといって間違っても昔のように「小姐」を使うわけにはいきません。そこで女性に欧米風に「MS」、男性には「Mr.」に変えてみたりしましたが、今度は改まった感じがしてなかなか相手との距離を縮めることはできないうえ、どうもしっくりきません。それに相手はたいてい私を〝呼び捨て〟で返信してくるので、いろいろと心理的な負担になります。あれこれ試みた結果、最近は「～san」に落ち着きました。これでとりあえず違和感が薄れましたが、たまに日本語に馴染みのない人間から「～san」はどういう意味かとわざわざ確認のメールを寄こしてきたりします。それはそうですね、自分の名前に得体のしれない「拡張子」みたいなものをつけられると気になりますね。

一方、わが社に日本人社員も多く勤務しています。最初は周りの同僚から自分の名前が呼び捨てにされているのにさぞ驚いて気分が悪かったでしょう。とりわけ日本の企業で部長や課長と呼ばれてきた方はいきなり下っ端の若僧に呼び捨てされ、たとえ中国語であってもカチンとくるのが無理のないことです。しかも聞き取れるのが自分の名前ぐらいで、自分の悪口を言っているのではとドキドキしてしまうかもしれません。中国からの駐在員たちは日本滞在が長くなるにつれて日本語が少しわかるようになり、周りに合わせて名前のところだけ「田中さん」や「鈴木さん」と「さんづけ」で呼ぶようになってきましたが、中国語読みになると自然に〝田中〟Tiánzhōng、〝鈴木〟Língmù に戻ってしまいます。

かつて身分社会であった中国はけっして上下関係がゆるいというわけではありませんが、今の中国は呼び方には無頓着という一面があるかと思います。同じ会社であれば相手は自分より先輩でも立場的に上でも親しくなれば下の名前で呼んだりします。例えばわが社の女性の部長は下の名前は「薇薇」（ウエウエ）ですが、その部下たちは下の名前で呼ぶか、少し畏まっても〝薇薇总〟Wēiwēizǒng（薇薇部長）止まりです。個人的に下の名前が持つ軽さ、親密さと役職が持つフォーマル感、距離感を同居させたそのアンバランスにたまらなく気持ち悪さを覚えます。未だにその響きに慣れずにいます。

メールより少し気楽にコミュニケーションができるのは社内SNSですが、会社のアドレス帳は性別がわかるようになっているので、相手は女性だとわかると〝美女〟Měinǚや「MM」（ネット言葉、若い女性の名前につけるか、そのまま女性という意味もある）をつけてくる人がたまにいます。見知らぬ人に、しかも自分よりかなり若い子から「MM」と呼ばれても素直に受け入れることができませんし、親しい間柄でもないので、なかなかその感覚に応えることができません。心地よい距離感、礼儀を持って接することができる呼び方は意外と見つからないものです。

余談ですが、最近社内の日本語教室で中国人スタッフに日本語を教えていますが、なぜ日本人は人名だけではなく、動物やモノや会社の名前まで「さん」づけで呼ぶのかと質問されることがよくありました、ビジネスの世界では確かに「〇〇銀行さん」「〇〇商事さん」、「業者さん」などむしろ常識になっています。これに違和感を覚える日本人もいますが、「御社、貴社」に代わった柔らかい表現で、口語で使うのが一般的のようです。この使い方は「本屋さん」、「花屋さん」に倣ったもので徐々に習慣化したという解説もありますが、ではなぜ「本屋さん」なのでしょうか、他に「お月さま」、「お星さま」、「お豆さん」、「別嬪さん」、「おまわりさん」、「大仏さん」、「おばかさん」（ばかと貶めながら「さん」つけるのか？）……。よく考えると日本人はいろんなものに「さん」をつけていますね。外国人学習者ならだれでも持つ疑問だと思います。

本題に戻りますが、「～さん」に相当する呼び名があればどんなに楽かと思います。しかしそれは「ないものねだり」です。第一、中国人は困っていませんから。隣の部署に中国語の「罵ることば」も自由自在に繰る日本人スタッフを見て、壁をものともしないそのタフさと柔軟さを羨ましいばかりです。彼には私のようなちっぽけな悩みはきっとないでしょう。

娘のローラースケート日中体験記

蘇　紅

私の娘は七歳のときからローラースケートに興味を持ち始め、夏休みに中国の実家に連れて帰った間、毎日練習に没頭していた。初めの頃は街中の広場で練習していたが、少し上手になってからは、道路でも走るようになった。実家のアパートに帰ってからも、三〇平米超ぐらいはあるリビングでも練習を止めなかった。祖父や祖母はにこにこ笑って見ていて、「上手だね」と褒めちぎった。そうすると、娘はさらにやる気が出たようで、見る見るうちに上達していった。

しかし、夏休みはすぐに終わり、日本に戻らなければならない。帰国便は午前のフライトなので、前の晩は北京に泊まり、翌朝空港に向かうことにした。夕方、北京のホテルに到着して、チェックインしたあと、寝るまでにまだ時間があった。すると、娘はローラースケートをやりたいと言い出した。しかし、いくらなんでもホテルの中ではと思い、少し躊躇《ためら》っていると、娘がうるさく「ローラースケートがしたい」と繰り返しせがんだ。そこで、まあいいか、怒られたらやめればいいと思い、一階のフロアに連れて行って滑らせることにした。ところが、小さなホテルとは言え、フロントのスタッフは怒るどころか、なんと微笑しながら「上手ですね」と褒めてくれた。私はひとまず安心したが、娘のほうは褒められたせいでますますやる気が出てきて、その後四〇分ぐらい休みもせず、ホテルの滑りやすい廊下でローラースケートを楽しんだ。その間、チェックインに来た客は驚いた顔をしたものの、同じように「まあ、この子は上手ですね」とにっこり笑ってくれた。そのまましばらく見てくれた客もいた。今でも、娘がまわりの人たちの注目を集めて嬉しそうな表情でいたことを覚えている。その晩は子供にとって忘れられない、いい思い出になったことだろう。

さて、明くる日の朝、北京空港でチェックインを済ませ、安全検査もすんなりと終わった。そして、後は搭乗するのを待つだけであったとき、突然、搭乗する航空機が天候の影響で一時間くらい遅れるというアナウンスが入った。手持ち無沙汰であるころから、娘はまた「ローラースケートがしたい」とせがんできた。仕方なくフロアの端の、通行人に迷惑のかからない場所を探して、娘を滑らせることにした。その姿を見る人は何人もいたが、誰一人としてそれを止める人はいなかった。広い場所で滑ることができ、搭乗時間ギリギリまで気持ちよく楽しんだのであった。

無事東京に戻り、上達中の子供に「ローラースケートをしたい、したい」と毎日のようにせがまれた。しかし、家の近くの人通りの少ない道路で滑っていると、近所のおじさんにすぐに止められて「危ない」と注意された。その後、あちらこちらと、通行人に迷惑のかからない所を選んで滑らせたが、家の周りには適当な場所が得られなかった。そこで、考えを巡らせた結果、「日曜日に池袋西口の東京芸術劇場に行って、その前で滑ろう、あそこは広いから」と子供に約束した。そして、待ちに待ったその日曜日がやってきた。子供は思いっきり滑ろうとウキウキしながら、目的地に到着した。ローラースケートの靴に履き替え、広場ではなく、劇場の入口近くの長さ三メートル、幅一・五メートルぐらいの、通る人のいない場所を選んで滑らせることにした。床は大理石であるから、滑り心地は抜群のようである。東京に戻ってからは娘に十分に楽しませることができなかったから、「今日は飽きるまで滑らせよう」と心に決めた。娘はようやく思いっきり滑れるぞという気持ちが表情に現れ、得意満面でスイスイと行ったり来たり滑っていた。その輝いている様子を見ている私も幸せに溢れていた。「ここはいい。通る人の邪魔にもならないし、滑りやすい。それに、家からも近い。滑りたいときにはここに来ればいい。ローラースケートが上手になり、次にはフィギュアスケートをやらせて、センスがあれば、将来、浅田真央みたいにフィギュアスケート選手になり、メダルをとってくれる可能性もあるかも知れない……」と妄想している私にかすかに「すみません、すみません」という声が聞こえた。「ここで滑るのは危ないですから、ちゃんとしたところで滑ってください」と、警備員のような人がいつの間にか止めにきたのだ。娘は今にも泣きそうな顔をしている。私は「日本に戻ってからは、自由に滑ることのできる場所がまだ見つかりません。ここもダメですか。では、どこでなら自由に滑れますか」と尋ねると、答えは「国立競技場とか専用の場所とか」というものであった。その日、娘は泣きながら家に帰った。

今年の春、娘は中学三年生になった。もうしばらくはローラースケートをしていない。当時のことを振り返えってみると、中国はあくまでも「自己責任」の考え方で、怪我をしてもホテルや空港とは関係がない。だから、「ご自由にどうぞ、公共の場所はみんなのものだから」ということで、そこは自分の家のように自由に使える場所であり、他人を止める権利もない。一方、日本では、「相手に迷惑をかけないように。それに、私の所で怪我でもされたら、私が責任を取らねばならない可能性もある、だから、怪我をする前に止めてしまおう」という発想なのである。公共の場所は自分を律する場所であり、自分の家にいるような自由は得られないのである。「公共の場」という日中の認識の違いについて、実体験を通してしみじみと考えさせられた思い出である。

中国人は日本人よりカシコイ？

白根 肇

よく言われることだが、中国語は日本語に比べ短い表現で済む。〝我去中国。〟「私は中国に行きます」。助動詞を付けて〝我得去中国。〟となれば「私は中国へ行かなければなりません」とかなり長くなる。可能補語を使った〝买不起〟、〝买不到〟などはニュアンスなども含めて訳せば「お金が無くて買えません」、「手に入らなくて買えません」と倍以上の長さになる。

中国語に限らず英語も同様で、英語を学び始めた中学生の頃も英語の先生から同じようなことを聞いたことがある。日本語や韓国語は中国語や英語に比べて表現が長いのは言語の特色なので仕方ない。

日本語の表現の長さは前述の通り、前々から聞いたり目にしたりしていたのだが、中国へ留学していたときに、このことを実際に肌で感じることとなった。

中国の大学院も日本と同様にレポート提出がとても多い。日本でもよくレポートを書いていたので、これくらいの内容ならＡ４で何枚くらいかな、というのが推測できるようになっている。中国で課題を出され、頭の中で組み立てて、こんなもんだろうと思っていざ書いてみると、想像していたものの三分の二、ひどいときには半分位にしかならないのである。内容を削るのは容易だが、書き加えるのは結構厄介である。このときばかりは、中国語を恨んだことをよく覚えている。

似たようなことで、中国で日本語を教えていたとき、中国語だけで授業を行うクラスと日本語と中国語を併用するクラスとがあり、二つの授業を共に担当していたことがあった。教える内容は同じなのだが、中国語だけを使ったクラスの進度のほうが早いのだ。進度に差が出てはいけないので、中国語のみの使用クラスのほうは、会話練習や発音矯正にもっと時間をかけるなどの進度の調整が必要であった。ここでも中国語と日本語の表現の長さの違いを痛感した。

あるとき、ふと、日中で同じ授業を行ったら？という考えが湧いてきた。

例えば、英語の授業で、ある同じ内容を教えるのに、中国の中学校と日本の中学校では中国語の授業のほうが早く終了してしまうのではないか、ということだ。時間を基準に見るなら、中国の中学校のほうが日本のそれより多くを学べる、あるいは練習できる、ということになる。従って「中国人のほうが日本人より賢いんですよ」と簡単な結論に行き着くかどうかはともかく、これらの話は、中国のお偉いさん主催の宴会の席での私のお決まりの「ごますりネタ」になっている。

また別のとき、日本語の達者な中国人の友人が「なんだか知らないけど、日本語を話すとイライラするんだよ」と言っていたことを思い出した。同じことを言うのに、中国語より時間がかかる日本語を話すことでストレスになっているのかもしれない。

私は中国人の友人と話すとき、日本語と中国語を混ぜて話すことが多いが、私が日本語に切り替えるとなぜか彼らはせっかちになる。これも日本語を使うことにより、中国語よりも時間がかかるという「もどかしさ」から〝急性子〟に早変わりしてしまうのかも知れない。

広州市で出会った不思議な日本料理

塚越 千史

〝食在广州〟Shí zài Guǎngzhōu（食は広州にあり）と誉れ高い、中国は広東省広州市に留学していたときのこと。ある日、留学生仲間数人と連れ立って、市内中心部にある大型日系スーパーを訪れた。それぞれ日用品や食材を買い揃えた後、ほかに何かおもしろいものはないかと皆でお惣菜コーナーを物色中、ふと目に飛び込んできた品物があった。〝寿司天福罗饭〟shòusī tiānfúluófàn（寿司てんぷら飯）と、黒マジックで書かれた商品札がついている。日本語ではよく「天麩羅」もしくは「天婦羅」という漢字を当てるが、そこは縁起を担ぐ中国。音が近くて、よりおめでたい感じのする「福」の字を選び、当て直したものと推察される。

どのようなお惣菜であったか言葉で描写すると……スーパーでおなじみの食材を載せる白いトレーに、てんぷら粉を太巻き寿司にまぶして油で揚げたと思《おぼ》しき塊が四つ、菜箸ほどの長くて太い串でお団子状に串刺しにした姿で載せられ、全体をラップで包装されていた。商品名の左上に、赤字で〝日本人最喜欢！〟Rìběnrén zuì xǐhuan!（日本人の大好物！）とのキャッチフレーズも添えられていたが、正直〝生在东京、长在东京〟shēngzài Dōngjīng, zhǎngzài Dōngjīng（生まれも育ちも東京）な私も、もう一人いた関西出身の日本人留学生も、初めて目にした料理であった。

私たち日本人が目を丸くして固まっている横で、同行の韓国人留学生が口を開いた。「韓国でも太巻きはよく食べるけど、こんなスタイルは初めて見た」と。実は私たちも初めましてなのと事情を説明しつつ、皆でどんな味がするのか妙に気になってきた。問題はお値段。学食ならば一食五元、テーブルクロスを敷いた本格レストランで中華のフルコースをいただいても一人前一〇元しないときに、その謎の日本料理は一串二三元もしたのだ。一瞬躊躇したが「何はともあれ、お試しだ！」と皆でお金を出し合い、清水の舞台から飛び降りる思いで二串も購入し、急いで大学へと戻った。

買出し仲間のほかに、同じ留学生楼で暮らすベトナムやサモア、モーリシャス、ルーマニアなどの留学生たちにも声をかけ、総勢十数名で三時のおやつ代わりの大試食会が始まった。おそるおそる太巻きをひとつ、串からはずして揚げ衣をはがす。誰かが揚げ衣の味を確認したが、ごく普通の小麦粉で作ったような味とのこと。具材はウィンナーソーセージ、スパム、厚焼き玉子、カニかまであった。太巻きの値段を押し上げていた高価な食材は、おそらくこのカニかま。かんぴょうの煮つけや桜でんぶといった、日本で一般的な太巻きにマストな食材は一切使われていなかった。当地では入手困難な上、普段食べつけない食材であるからだろう。また、中国では生野菜を食べる習慣は一般的でないため、きゅうりや貝割れ大根なども挟まってはいなかった。すべての太巻きを四等分にし、全員揃って口に運んだ。油っこさは否めないものの、加工食材の塩味は悪くない。海苔もグニャリと湿気気味だが、まずまず磯の風味は感じられる。モグモグかみ締めて、最後まで飲み込んで、わかったこと。この太巻きは、お寿司とは呼べない。肝心のご飯が、酢飯ではなかったのである。味付けなしの、ごく普通の白飯だった。

全員食べ終わったところで、それぞれ感想を言い合った。そして、この〝寿司天福罗饭〟は和食の代表格である寿司とてんぷらを、料理本を参考に見よう見まねで作って合体させ、そこにお団子やおでん串の要素を加えたフュージョン料理であろう、と皆で勝手に結論付けた。広州人が夏バテ解消によく飲む〝菊普〟júpǔ（菊の花入りプーアル茶）をすすりながら、タイ人留学生がふるまってくれた甘い完熟ドリアンとスイカのデザートをいただき、その日の豪華で思い出深いおやつタイムはお開きとなった。

帰国後も、あの奇妙な太巻き料理のことをときどき思い起こしては、食の探求に余念のない土地で生まれた意欲的なフュージョン和食だとずっと思い込んでいた。しかしながら、最近ブームのご当地グルメ特集を見るにつけ、ふと別な考えが頭をよぎった。もしかすると日本のどこかに、季節行事で大量に作った太巻きの食べ残しを、翌日揚げ衣をまとわせ、てんぷらにして食べるリメイク料理が本当に存在するのではないかと。水餃子の残りを油で炒めて焼き餃子にしたり、冷や飯を油で炒めてチャーハンにするように。

わがふるさとでは余った太巻きを翌日てんぷらにして食べるよ、という情報をお持ちの方、もしもいらっしゃいましたら是非ご教示ください。

炒酸奶ってどんなもの？

楊　華

だんだん暑くなってきた四月の頃からか、地元の河南省鄭州市の街角で〝炒酸奶〟と書いた大きな看板が見られるようになりました。どんなものなのかすごく興味がありました。だってそうですよね。〝炒酸奶〟chǎo suānnǎi を文字通り理解すると、「ヨーグルトの炒め物」になります。まさかヨーグルトを油で炒めることはないだろうと、頭の中は大きな「？」でいっぱいです。

中華料理には〝油炸冰激凌〟yóuzhá bīngjilíng（アイスの油揚げ）という名の料理があり、アイスクリームに衣をつけて揚げる料理で、デザートとしてよく注文されるもので、〝炒酸奶〟もたぶん同じ類のものだろうと思いました。しかし、店のメイン料理として堂々と看板に出すぐらいですから、やはりちょっと違うのではないかと思い、五月のメーデーの日に、鄭州の家の近くにある大きな看板の店に入って食べてみました。

なんと、〝炒酸奶〟はヨーグルトにお好みのフルーツやチョコやシロップを入れて、凍らせたヨーグルトアイスのことだったのです。私は最初にイチゴ味のものを注文しましたが、すごくおいしかったです。ここ数年、ヨーグルトアイスは新感覚アイスとして中国でひそかに人気が出たそうです。ネットで調べてみたら、地元の鄭州市だけではなく、北京、天津、上海、重慶、広州などの大都会でも〝炒酸奶〟の専門店が数多くあるそうです。一方、日本では冷凍ヨーグルトはそのヘルシーさと家で手軽に作れるということでちょっとしたブームにはなっているようですが、中国各地に展開されているようなヨーグルトアイスの専門店はあまり見られません。

ところで、ヨーグルトアイスのことをどうして〝炒酸奶〟とネーミングされたかに興味を持っていましたが、その製作過程を見ると、疑問が解けました。日本では、一般的には、ヨーグルトを家の冷凍庫でそのまま凍らせて、冷凍ヨーグルトとして食べますが、中国では、専門店の店員さんがお客さんの前でパフォーマンスを見せながら作るのです。その作り方も次のような工程で、至って簡単です。

①コールドプレート（冷たくなるホットプレート）を冷やします。
②ヨーグルトとお好みの果物やチョコなどをコールドプレートに載せて、凍らせます。
③すべてのものがカチカチに凍ったら、ヘラで切り分け、板状の塊にしてから、ヘラで容器に入れて、完成です。

この中で、最後の工程は凍らせたヨーグルトなどの材料をヘラでひっくり返したり、切り分けたり、容器に盛ったりする動作は野菜炒めを作るのとよく似ているので、その炒める動作から〝炒酸奶〟という名前になったそうです。考えてみると、〝炒酸奶〟という名ではなくて、〝酸奶冰激凌〟にしたら、たぶん私もわざわざ食べに行かなかったと思います。店の前の長蛇の列を見るたびに、〝炒酸奶〟という名付けの素晴らしさを感じます。中国でかくも繁盛した〝炒酸奶〟の専門店、いつか日本に上陸するかもしれませんが、そのときは〝炒酸奶〟の日本語訳も何かユニークなものにすればいいなあと勝手に思ったりしています。

また、〝炒酸奶〟とはちょっと違うかもしれませんが、同じアイスでも、ここ数年中国では〝冰激凌火锅〟bīngjilíng huǒguō（アイスクリーム火鍋）も流行っているそうです。いろいろなアイスや果物をホットチョコにつけて食べるメニューで、「フォンデュ」のような食べ方です。確かに鍋料理の類ですが、料理らしかぬ〝火锅〟です。その最高峰は「ハーゲンダッツ火鍋」だそうです。高価な「火鍋」で、なかなかしょっちゅう口にできるものではないのですが、いつか是非一度食べてみたいものです。

これから夏本番を迎えますが、中国でいろいろな新感覚アイスを味見してみませんか。

赤ちゃんは水戸黄門の印籠?!

森中　野枝

北京で、老人に席を譲られたことがある。ちょうど一〇年前のことだ。

私は最初の子を妊娠していて、路線バスに乗っていた。バスはそれほど混み合っていたわけではなく、すぐに降りるつもりで乗降口付近の握り棒につかまって立っていたところ、後ろから声をかけられた。

振り向くと、背筋のすっと伸びた七十歳くらいのおばあさんが、ニコニコと微笑んでいた。白髪交じりのおかっぱ頭、白い開襟シャツに紺色のズボンという昔懐かしいいでたちのおばあさんは「ここにお座りなさい」と席から立ち上がって、手招きをする。私は恐縮した。

臨月ならまだしも、まだやっとおなかが目立ち始めた妊娠七カ月。ご老人に席を譲られるなんてとんでもない、私はすぐに降りるからと固辞した。おばあさんは諭すように優しく言った。

「あなたは、今は席に座らなければならない時なのよ。一駅でもいいから座りなさい」私の手を引いて席まで連れて行き、座らせてくれた。

涙が出そうだった。北京では、誰もが妊婦に優しかった。満員電車で、素早く妊婦の私を見つけて、さっと席を譲ってくれた若い男の子もいた。北京で出産した後も、赤ちゃん連れで地下鉄など乗ろうものなら、老若男女、あれこれ世話を焼いてくれた。

赤ちゃんは水戸黄門の印籠のようだと思った。

北京とは違って、日本では、子連れは基本的に肩身の狭い思いをする。妊婦に席を譲ってくれるのは、出産を経験したと思われる同世代の女性くらい。男性は、まず妊婦の存在に気づかない。電車では、ベビーカーを畳んで肩に抱え、赤ちゃんを前に抱っこし、両手に子供をぶら下げて、子供が泣かないように騒がないように小さくなって乗るのがよしとされる。そしてそれは不可能に近い。

日本の都会で暮らすお母さんならみんな当たり前のようにやっていることだが、北京の経験があったから、どうしていつもこんなに遠慮しながら子育てをしなければならないのだろうという気持ちが常にあった。

中国を離れ夫の転勤であちこち転々とした。北京生まれの長女に続いて、日本で次女が、カナダで長男が生まれた。今はドバイで暮らしている。

海外暮らしも長くなり、多様な価値観に触れて、日本の電車の中での出来事も一種の文化なのだろうと思えるようになった。

日本人は、人に迷惑をかけないことを美徳とする。周囲に迷惑をかけない配慮が、日本人のマナーの良さにつながる。「迷惑をかけない」文化の下で子育てをすると、多少窮屈な場面もあるということだ。

逆に、「子どもは社会の宝」とみんなで子供を大切にするのが中国の文化なのだと思う。妊娠中、ポケットから携帯電話を出して操作をしていたら、隣に座っていた見ず知らずの女性に「妊娠中はポケットに携帯電話を入れてはいけない。体からなるべく離して置いた方がいい」と真剣に諭された。電磁波が胎児に悪影響を及ぼすという。出産後、乳児湿疹がひどかった長女をベビーカーで連れ出すと「病院には行ってるの?」「〇〇病院の先生はいいよ」とあちこちから声がかかる。みんな自分の子どものことのように心配してくれる。うっとうしいと言えばうっとうしいのだが、親切で温かい。

英語に〝It takes a village to raise a child〟という諺がある。一人の子どもを育てるには、一つの村が必要だ。子育ては両親だけではなく多くの人の助けが必要だという意味だ。中国の子育ては正にこの諺のようだと思う。

中国人観光客のマナーの悪さが話題になる昨今だが、満員電車で、妊婦を素早く見つけて席を譲ってくれる中国人の優しさにスポットが当たらないのが、とても残念だ。

一年ぶりに日本に一時帰国し、子連れで京都・奈良に一泊旅行した。どこの観光名所も外国人であふれていて、「円安」を肌で感じた。京都の観光バスは、常に満員。外国暮らしが長いわが子は、席を譲られるのが当たり前と思っているようで「席がない」と文句をいう。「ここは日本だから」となだめていたら、席を二度も譲ってもらった。譲ってくれたのは、なんとどちらも中国人観光客だった。

中国人の優しさが変わっていないのを知って、とても嬉しかった。

〝撒娇〟sājiāo と〝卖萌〟màiméng

岸　弘子

この間、五カ月間にわたる社員向け日本語トレーニングが修了しました。全員がJ-test（ビジネス日本語試験）の模擬テストで五〇〇点以上をとり、また、修了プレゼンテーションでもA～Cの評価（A～E判定）をもらって合格。（各部署の部長が来て評価します）。指導にあたった私はやれやれと胸をなでおろしました。

さて、最終日はプレゼンテーションの後、ゲームや歌などで盛り上がりました。興奮もさめやらぬ彼らは、退勤後に「お別れの食事会」に行こうと言い出しました。台風一〇号が接近する中、誰も帰ろうとは言わず、全員が参加。クラスのムードメーカーでもあり、宴会担当でもあるA君が、行きつけの韓国料理店にしっかりと一三人分の席を確保してくれました。

やれ肉だ魚だと大騒ぎして料理の注文が終わり、「飲み物は……」となりました。打ち上げならビールで乾杯でしょ…と言いたいのですが、いまどきの若者は男女にかかわらずあまりお酒を飲みません。さっさとメニューのソフトドリンクのページをめくり、さてどのジュースにしようかと悩んでいます。グラス一杯の生ジュースが二〇元程度。数人分のボトルだと五〇元くらいです。

突然、メンバーの中のある女の子が〝帅哥！〟shuàigē と近くの男子店員に声をかけ、「ねえ、これだけ注文したんだから、飲み物サービスしてよ～」と甘え始めました（いま流行中の〝撒娇〟sājiāo です）。その店はチェーン店らしく「店の規則だから……」と男性店員は困り顔。「お客さんが楽しく食事をするのが一番でしょ～」彼女も譲りません。「とりあえず、上司に相談してきます」と彼が去って数分後、スーツ姿の少し年配の女性がやってきました。すると先ほどの彼女、「今度は男性陣〝卖萌吧！〟Màiméng ba!」とせかします。

一二人のメンバーのうち九人が男性です。やれ誰が一番ハンサムだ、やれ誰が一番イケメンだともめたあげく、私の隣の陳くんが管理職らしい女性に向かって〝美女！〟と甘え始めました。そして、数分の交渉の結果、みごと梅ジュースとマンゴージュースのボトルのGETに成功したのです。

日本ならありえない……。ありえたとしても店員たちに「いやな客」と見なされ、その後のサービスに響くかと思うのですが、そこが中国です。その後も「楽しいか？」「ウチの店のサービスはどうだ？」「鍋のスープを足そうか？」「もう火を消したほうがいいぞ……」と店員たちがやってきて、陽気に声をかけてくれます。二時間くらい騒いだあと、帰ろうとすると「また来いよ！」と気持ちよく送ってくれました。

久しぶりに気持ちよく食事をしたなあ…と大満足。日本の飲食チェーン店もマニュアルでお客さんを監視するのではなくて、楽しく食べられる工夫をして欲しいなあ、と思ってしまいました。

お金が返ってくる

張娜

先月のこと、肘の具合が悪くなり、都内の東洋医学研究所で診てもらうことにした。

予約時、保険の適応外診療なので、治療費と初診料で一万円以上かかると言われた。〝銭財乃身外之物〟（「お金は身の外のもの」。お金に対して執着するべきでない）と父に教えられてきた私なので、「これで健康が帰ってきてくれれば安いものだ」と思った。

診療当日、丁寧な問診と治療を受け、支払いの際、「保険証をお持ちですか」と聞かれた。使えないはずなのに、どうして確認しようとするのか。納得がいかず、その疑問をそのまま言葉に出した。「保険が効かないんですよね？」「ええ、通常は保険が適用できませんが、加入されている健保組合と提携しているので、三割引きとさせていただきます。」嬉しかった。病気になってもラッキーと思えた瞬間だった。

その後、週一で治療を受け続け、四回目の勘定の際、いつも通りにカードを渡して精算をお願いしたら、窓口の人に長く話かけられてしまった。そんなことは想定外だったし、早口に言われたもので、意味を十分に理解できなかった。どちかから、どちらかにお金を返すべきといった話だった。

毎回しっかり勘定を済ませているのに、なんでいまさらという気持ちが少しあった。怪訝な表情を察して、担当者がもう一度ゆっくり復唱してくれたため、ようやく理解できた。初回の診療の際、初診料も三割引きにすべきだったのに、割引きにしてくれなかった。その分、返金してくれるということだった。

お金を多めに払っていたことに関して何とも思っていなかったが、一カ月も経ってから、返してもらえることにはなんだか不思議な感じがした

そういえば、二年前冷え性で同じ病院の漢方の先生に相談したときのことを思い出した。冷え性は特効薬がないので、時間をかけて漢方薬＋睡眠＋運動などで少しずつ改善していくしかない

というような話だった。印象に残ったのは、先生から「うちは保険が適用できないので、保険が適用できるクリニックなどで処方してもらったほうがいいですよ。効果は変わりませんから」と言われたことだ。「良心的な病院だな」と思った。これで先生の言うことを信用し、安心して治療を受けることができると感じた。これは当たり前のようなことだが、当たり前ではない。

というのは大学時代に中国で経験したことを思い出したからだ。

大学三年生の頃、病気にかかって、町の一番大きな病院に行った。中国の病院は薬は病院で処方・購入するのが一般的だ。一カ月の薬代は大卒の月給より高かった。当時、保険はほとんど入院しないと適用されないものだった。「入院したいな」と思っていた。しかし、一カ月の薬治療で治るどころか、血液検査の数値がおかしくなって、「外来じゃ治療できないから、入院しなさい」と宣告を受けた。「念願」の入院が叶うわけだが、私は怖くて泣きそうだった。

入院した直後、担当の先生に言われたのは、「外来で出された薬はすべて意味がないものです。飲んでも死なないでしょうけど、いつまで経っても治してはくれないものです」。「薬代を返せ」と言いたかったが、私のような立場の弱い患者で何かできるわけでもない。取りあえず治療に専念し、早く治したいと思った。

入院して、すぐに保険に加入していることを確認された。そして、明らかに関係なさそうな違う部位の精密検査まで受けさせられた。本当かどうか今となっては検証できないが、保険に加入していない人は、そういう検査を勧めてもお金が払えないから拒否するが、加入している人ならせっかくの機会だし、個人負担も少ないので拒否せず受けてくれる、それが病院側の計算だという説がささやかれていた。

さらにその後、私は病院から想像するだけでも恐ろしい検査を勧められた。私は、夜寝ながら泣いていたと同じ病室にいたお婆ちゃんに後から聞いた。あまりにも大変な検査だし、私には必要がない可能性が高いと自分で判断した。最終的に両親と友達があれこれ分析し検討した結果、私はその検査を拒否した。幸いなことに、その後、薬を飲んで経過観察だけで無事に退院に至った。未だになぜあんな検査を勧められたか理解できないままだ。中国にいた頃、一番強い願いは医者の親友がほしいということだった。

時代が変わって中国の医療環境も変わっただろう。中国を離れてもう何年にもなる私は、今の中国事情はよく知らないというのが口癖になっている。でも、昨年友達が中国で手術を受けた経緯を聞いたら、改善にはまだまだ時間がかかりそうだと分かった。友達は手術を受けようとしたが、とにかく冷たくあしらわれ、やってくれるかどうかいつまでもはっきり言ってくれなかったという。どうしようもなく、二〇万円ほどのお礼を無理矢理渡すことにした。どうなるか不安で、このほかに手がなかったという。その後担当の医師は私の友達のことを忘れていたみたいで、再催促したら、「あ、あなただったか、いいよ、手術をやるよ」とやっと受け付けてくれた。最後まで不愛想だったが、手術は成功したので、それが何よりだった。

ちなみに、一四年前に中国の病院で夜泣きしていた私だが、今は少しでも気になることがあったら、即日本の総合病院に診察を受けに行くようにしている。なぜなら「お客様」でいられるから、つらい思いをしなくて済むからだ。

一番の幸せは健康な体を持つこと。
二番の幸せは病気になったら患者思いのお医者さんに出会うこと。
皆さんは、お幸せでしょうか。

びっくりぽんや

費燕

「あさがきた」というNHKの朝ドラはもう最終回を迎えましたが、ヒロインが驚いたときによく「びっくりぽんや」と言うのが印象的でした。日本に来て二十何年、カルチャーショックを多く体験してきましたが、もし「びっくりぽんや」という言葉を早く知っていたら、きっと使っていたでしょう。というか使いたいです。今回使わせていただきます。

びっくりぽんや1：中国では、妊娠したことが分かったら、妊婦さんは昇格されます。特に都市部の妊婦たちは家事から食事まで特別扱いされます。食事の面では、元気な赤ちゃんを産んでほしいという期待や、赤ちゃんが大きく生まれると育てやすいという考えから、「赤ちゃんのためにたくさん食べてね」と言って、おいしいものや栄養豊富なものを作って、たくさん食べさせます。一方、家事などは、できるだけ他の人にやらせる家庭が多いです。体が運動から遠ざかる代わりにたくさん食べる。食べさせた結果、出産前に妊婦さんの体重が二〇キロ前後増えるというのは珍しくありません。

子供二人とも日本で生んだ私は、妊娠した後でもいつもと同じ普通の生活を送りました。仕事を出産直前まで続け、食べ物もいつもとそう変わらなかったです。八カ月の検診で、一〇キロまで体重が増えたため、お医者さんに「体重を増やさないように食事に気を付けて下さい」と注意されました。「えっ、八カ月で一〇キロですよ」とびっくりぽんや。中国にいたならおそらく周りの人に「食べないと赤ちゃんによくないよ、自分のためではなく赤ちゃんのためにちゃんと食べてね」などと説教されたことでしょう。

びっくりぽんや2：結果、出産まで一三キロ増えて、小さくて、元気な女の子が産まれました。中国では子供を産んだら、必ず産後一カ月間の養生をするという昔からの習慣があります。中国語で言うと〝坐月子〟*zuòyuèzi* です。〝坐月子〟の一カ月間、歯や目、体のために冷たい水、冷たいもの、お風呂、髪洗い、本やテレビなどを遠ざけ、産婦さんと赤ちゃんのいる部屋はドアや窓は真夏でも閉めたまま。基本的に産婦は同じ部屋の同じベッドの上で赤ちゃんの世話以外は、寝て食べての一カ月間を過ごします。

しかし、娘を産んだ次の日、早朝元気な看護師が病室に入って、ドアを大きく開き、私たちに挨拶をしながらスタスタ真っ先に向かったのは窓。窓も全開されたのです。窓際のベッドにいる私は、「えっ、まさか」とびっくりぽんや。思わず頭に布団を半かぶりしました。三日目の朝の検診で先生にさりげなく「お風呂に入りましたか」と聞かれ、「いいえ」と答えた私に「今日、入っても大丈夫ですよ」と言われ、思わず「えっ……、あ、はい」とまたもやびっくりぽんや。しぶしぶお風呂に入りましたが、五月と言ってもお風呂場は冷えています。「病気にならないように」とひそかにつぶやきました。病院食は栄養バランスが取れていて、おいしかったのですが、ただ冷蔵庫から出したばかりの冷たいデザートがあります。食べていいのか。おいしそうだから食べたいと心の中で格闘をしましたが、結局、「郷に入れば郷に従え」の道を選び、もちろん誘惑に勝てなかったこともあり、食べました。

びっくりぽんや3：それから、三カ月後、娘を連れて中国へ帰省したときのことです。真夏の八月でしたが、百貨店に入って買い物をしているときに、熱心な店員さんが寄ってきて、娘の足を触りながら「どうして靴下を履かせてあげないの。赤ちゃんなのに、靴下ぐらい履かせてあげてよ」と責められました。思わず笑いながら「そうですね。生まれてからほどんと履かせてあげたことがなくて、それに今日は暑いと思って……、やはり履かせてあげたほうがいいですかね」と答えました。責められた理由はよく分かっているので、全然驚きはしなかったです。

その理由とは、中国では、〝寒从脚下起〟Hán cóng jiǎoxià qǐ.（冷えは足元から）という言葉があります。私たち中国人は小さい頃から、よく大人から「足を冷やしてはいけない」、「足が冷え

ると お腹が痛くなる」、「足を温かくすれば体も温かくなる」と言われてきました。さすが中国と日本は違いますね。

日本人は冬でも靴下を履かない人をよく見かけます。寒い日、服装自体は暖かそうなダウンコートを着ているのに、足が裸。「さむい、さむい」と言いながら真冬でも足を露出している若い女の子。これらを見て驚かない中国人は少ないでしょう。冬のある日、おんぶされている赤ちゃんの小さくて細い裸足がポロリと外に出ているのを見かけましたが、お母さんは気づかないのか気にしないのか平気な顔。赤ちゃんは寒くても言葉で表現できないのに、かわいそう！　とびっくりぽんや。

娘が三歳になって日本に引き取りました。共働きなので、すぐに平日は保育園に入れることにしました。夏は大丈夫でしたが、冬に入っても子供たちが保育園ではすぐ靴下を脱いで、冷たい床のうえを走り回るのを見て、びっくりぽんや。だって見ているだけで、ぶるっと寒気が走りました。「先生、靴下を脱がなくてもいいですか、足が冷えるとお腹が痛くなるので」と頼んでみましたが、「そうですか。靴下を履いたままだと、滑るから危ないのです。まあ、様子を見ましょう」との返事をいただきました。いつの間にか娘は冬でも冷たい床で平気で走りまわるようになりました。まあ、私には到底死ぬまで慣れないでしょうね。

日本でも昔、中国と同じような習慣があったと年配の日本人から聞きました。西洋文化の影響や環境の変化などにより、だいぶ習慣や文化が変わってしまったようです。中国でも最近若い人が寒い時期でも裸足や、短い靴下で足首を露出していることが話題になっています。妊婦体重の増加は九～一二キロまでと推奨されています。私が驚いていたことはいつか中国でも当たり前のことになるかもしれません。習慣や文化は変化していくものなのですね。

「白髪三千丈」に惑わされないで

三好 理佳

李白に肉薄？

標題の〝白发三千丈〟Báifàsānqiānzhàng は唐代詩人李白の名句として知られていますが、〝缘愁似个长〟Yuánchóusìgèchàng（うれいによりてかくのごとくながし）」と続き、「積もる愁いに伸びた白髪の長さは、三千丈（約九キロメートル）もあるかのように思われる」と解釈されています。日本語に比べ、中国語は誇張的、装飾的表現や、情感に訴える表現が多いとよく言われており、事実その通りだと思います。文学の世界のみならず、ビジネスの世界でもその特徴が際立っていることを、私は企業の翻訳の仕事で痛感しています。その部分の処理、つまりいかに日本人読者の言語感覚に合わせ、トーンを抑えた表現に置き換えるかで苦労しています。

日本語は世界共通語の英語ほどの寛容性はなく、わずかな温度差で違和感を覚えてしまう人も多いのではないでしょうか。シビアなビジネスの世界でも、コミュニケーションの快適さが求められます。

例えばプレゼンテーション資料にこんな表現がありました。

〝华酿相伴，幸福一生〟Huániàng xiāngbàn, xìngfú yìshēng
これを直訳すると「華釀の製品があなたに一生の幸せをもたらす」になります。この訳を「上から目線」、「思い上がり」と感じる読者がいるかもしれません。これでは消費者の心を摑めないどころか、企業として謙虚さに欠けると思われてもしかたがありません。「あなたの暮らしが豊かになる」くらいに落とすか、「あなたの暮らしに寄り添う」ともう一段トーンを下げたほうが日本人の感性に合います。

〝建设像太平洋一样宽的网络〟Jiànshè xiàng Tàipíngyáng yíyàng kuān de wǎngluò
日本語：「太平洋のような広いネットワークを構築する」

これはいくらなんでも大げさすぎて、「白髪三千丈」に肉薄できるような誇張ぶりです。このままだと真面目な日本人読者は「太平洋ってどれくらい広いだろう」とウキペディアで調べてしまうかもしれません。ここはシンプルに「広大なネットワークを構築する」くらいで手を打ちたいところです。

ある携帯電話メーカーの機能紹介です。

〝通话清晰，娱乐音效也更为逼真，会给你带来一场听觉盛宴〟Tōnghuà qīngxī, yúlè yīnxiào yě gèngwéi bīzhēn, huì gěi nǐ dàilái yīchǎng tīngjué shèngyàn

日本語に訳すと、「クリアな通話で、効果音も臨場感にあふれ、まるで聴覚の饗宴が供されているようだ」になります。スピーカーの良さをアピールするところに「聴覚の饗宴」を持ってきましたが、「素晴らしい音を楽しめる」くらいの意味です。中国人ならこれくらいはすぐに「あ、音が良いんだ」と自然に変換できるので、大げさとは感じないのですが、日本人学習者にとっては「落とし穴」かもしれません。

同じ日本の携帯メーカーの「音」に関するアピールと比べてみるとその違いは一目瞭然です。「まるでレコーディングスタジオの中央で聴いているよう！〇〇なら極上の音質で楽しめます」日本語は事実そのまま、または少しだけ上乗せして表現しています。

「ミルフィーユ」の枚数にまつわる話

同じく携帯関連ですが、次は新聞記事から。

中国語：〝收入同比锐减，智能手机市场份额一落千丈〟Shōurù tóngbǐ ruìjiǎn, zhìnéngshǒujī shìchǎng fèné yīluòqiānzhàng

日本語：「スマートフォンの売上は前年に比べ激減しシェアは一気に低下」

〝一落千丈〟は株価や人気の暴落、数量の激減などを表現するにはぴったりの言葉です。同系列で〝万丈深渊〟(底知れぬ深い淵)という比喩もあり、日本語の「どん底」といったところでしょうか。「ミルフィーユ」を中国語でなんというか知っていますか。〝千层糕〟Qiāncénggāo や

〝千層酥〟Qiāncéngsū です。これも大げさな名前だなあと思ったら、フランス語も「千枚の葉」でした。フランス語の「千枚の葉」は誇張ではなく、実際はパイ生地を何層も重ねると、何千枚にもなるそうです。中国語訳はフランス語を直訳しながら、図らずも中国語の「千」のイメージをうまく活かしている感があります。実は中国にも〝千層饼〟Qiāncéngbǐng という食べ物が各地にあり、正確な枚数はわかりませんが、多くて数十枚のようです。それを千枚と表現するところはやっぱり中国語の特徴をよく表わしています。

日本語のビジネス表現は簡潔とはいえませんが、むやみに事象を拡大したり、事実とかけ離れた表現や比喩を使ったりすることをためらいます。感覚的に、または視覚的に訴えることがあっても抑制のきいた表現を好み、読み手を五里霧中の世界に追い込むことを好みません。特に広告などの誇張表示や読者を誤解させるような表現は場合によって法に触れることもあるため、企業は慎重に言葉を選びます。中国では法整備の遅れもあり、誇張広告は日常的に行われています。あるテレビの健康番組で、一般人の女性が自ら考案したスープを〝包治百病〟Bāozhìbǎibìng、つまり「百の病に効く」と堂々と主張し、司会者もそれに付和することに驚愕した経験があります。ガンも、慢性病も、難病も治せると現代医学に挑戦するようなことを言ってのけたのです。中国語でいう「百病」は「すべて」という代名詞と考えたらよいでしょう。もちろん中国の消費者はそこまで愚かではなく、この手の話をきちんと割り引いて受け止めているわけで、誇大表現に対する免疫ができているのです。

中国語の〝百〟や〝千〟、〝万〟に用心しましょう。

孔子も然り

最近ではあまり聞かなくなりましたが、日本と中国が国交回復後、中国と日本は近隣ということで、〝一衣帯水〟Yīyīdàishuǐという表現が盛んに使われた時期がありました。一本の帯紐（原典は中国古代の服の紐のことを指す）ぐらいの幅の水で隔てられているぐらいの距離という意味です。これも一種の誇張です。中国と日本は隣ではありますが、決して近いというわけではありません。東京と上海の直線距離は約一七〇〇キロあまり、飛行機で二時間以上かかりますから、これを帯紐ぐらいの幅という比喩には首を傾げる人や腑に落ちない人が出てきてもおかしくありません。帯紐ではなく、せめて着物の帯ぐらいにしたいところです。

中国の古文や、漢詩は誇大表現のオンパレードです。詩などは「韻律を踏む必要があるから、そうならざるを得なかった」という必要論もあり、まあまあ説得力があると思いますが、中国の大陸文化、雄大な自然が育んだ表現法が数千年の歴史の中で、中国語や中国人の言語習慣に多大な影響を与えていることは間違いないでしょう。

論語には〝孔子闻韶乐三月不识肉味〟Kǒngzǐ wén sháoyuè sānyuè bù shí ròuwèi「孔子韶楽を聞き三月肉の味をしらず」（孔子は韶の音楽に感動し三カ月、肉の味がわからないほど夢中になっていた）という一節があります。これも典型的な誇大表現だと思います。三カ月は実際「三日」

だったかもしれません。

日本語でいう「上戸」や「酒豪」に相当する中国語として「海量」という表現を知っている方も多いかと思います。非常にビジュアルで、同じ漢字を使う日本人はすぐピンとくるでしょう。しかし「海ほどの酒量」とは日本人の言語感覚からすれば「中国人って大げさ」、「中国人のいうことを信用してはならない」という気持ちを抱いてしまうかもしれません。

翻訳談議になってしまいましたが、中国語を習っている方、特に中級や上級になると翻訳という部分を意識する段階だと思いますが、中国語にはこのような特徴があることを頭の片隅に置けば、勉強が楽しくなるのかもしれません。そして〝三月不识肉味〟になるぐらい夢中になれば中国語が上達すること間違いありません。

初めての中国高鉄体験

蘇紅

八月に入り、年に一度の一時帰国の時期を迎えた。実家は河南省。これまでは北京もしくは上海で飛行機を乗り換えて帰郷していた。しかし、高速鉄道が完成してからは、河南省鄭州までの航空便が激減したこともあり、北京から高鉄に乗っていくことにした。

しかし、そうは決めたものの、日本で新幹線に何度か乗った経験から、その揺れ、トンネルを通過するときの耳への圧迫感を思い出すと、憂鬱になってきた。もう一つの心配は、北京の渋滞だ。首都国際空港から北京西駅まで、渋滞で何時間かかるか予想がつかない。高鉄の発車時刻に間に合うかどうか……。

こんな心配を友人に打ち明けると、「大丈夫だよ。渋滞があっても三時間もみておけば、間に合うよ」という返事だった。ほかにいい策もなし……、よし、そうしよう、冒険だが。万が一間に合わなければ、北京で一晩泊まればいい。言葉は通じるのだから、何とかなるだろう。なぜか急に強気になり、北京にいる友人にネットでチケットを予約してもらい支払いも済み、北京西駅の窓口で切符を受け取って乗ればよいことになった。

想定外の出来事

準備は万端だと思っていたところ、当日、想定外の出来事が発生した。午前八時三〇分発の中国国際航空の便は、前日深夜に羽田空港に一時間三〇分遅れて到着したために、出発の時刻も一時間三〇分遅れに変更されてしまった。どうしよう、もともと乗り換えの時間もぎりぎりだし、この分だと高鉄の発車時間に間に合わないかもしれない。ああ、気が重い……。高鉄のチケットをキャンセルしても、発車後のキャンセルだから、お金は戻ってこないだろう。いくら厳密な計画を立てても、その時々の状況変化には及ばないことを痛感。まさに〝计划没有变化快〟だ。

北京空港には、予定通り（?）きっかり一時間三〇分遅れで到着した。時計を見ると、幸いぎりぎり間に合いそうな時間だ。娘と一緒に荷物を受け取り、タクシー乗り場に走って行くと、運よくすぐに乗れた。運転手に事情を説明し、できるだけ急いでほしいと頼むと「大丈夫です、絶対に間に合いますから」という返事。半信半疑で聞いたが、そのうち高速道路を走り出すと、スイスイと進んでいく。さらに、高速道路を降りてからも、スイスイと走り続ける。エーッ、渋滞なんかないではないか。それに、その日はよく晴れていて、空も高く青く澄み、テレビ報道などで見るようなＰＭ２・５で汚染された状況を想像することさえできない。運転手に理由を聞くと、もうすぐ「抗日戦争勝利七〇年」の記念式典と軍事パレードがあり、外国の首脳たちが来るので、北京周辺の工場などを休業させ、ナンバーが奇数・偶数の車を隔日で走らせている、だから、空気もいいし、渋滞もほとんどない、という返事。なるほど、今日はついている、ラッキーだ。今朝からの曇った心も、仰ぎ見る空のように急に晴れてきた。渋滞時には二、三時間もかかる道のりを、わずか四五分で到着。高鉄の出発時刻までには優に二時間三〇分もある。ほっと、一息。

切符を受け取る

北京西駅の広場は相変わらず人がいっぱいで、夏休み中のせいか、家族連れや小さな子供の姿も目立つ。安全チェックのためだろう、入口近くには警官が三人、そして、黒くて大きな警察犬も見える。まず、証明書をもって切符を受け取らなければならない。普通なら身分証明書をもって自動切符受け取り機で受け取ることができるのだが、私はパスポートだから、窓口で受け取ることになっている。窓口の辺りは、昔のような混雑はなく、皆列を作って並んでいた。窓口まで二メートルのところからは、一人しか入れない柵が設けられてあり、割り込みを効果的に防ぐようにしてある。中国ならではの対策だ。切符を受け取るときに「駅に早く到着したので、一つ前の列車に変更することができますか」と尋ねると、「普通ならできますが、今日は席がすべて売り切れです」と丁寧な返事がかえってきた。昔の冷たい態度に慣れている私は、そのときの優しい態度に感動さえ覚えてしまった。このような対応は日本では当たり前だが、ここは中国、本当に変わったなと、感動かつ感嘆の思いにとらわれた。

豪華な待合室

待合室に入る際、テロ防止のためか荷物検査がある。すべての荷物を検査用の機械に通すのだ。切符は実名、ＩＤ番号入りで、パスポートの記載と一致しているかどうか、駅員が真剣に照合する。まるで飛行機に搭乗するようだ。いや、それ以上に厳しいかもしれない。

日本では、新幹線用といっても特別な待合室があるわけでもないが、中国の高鉄の駅は新設したての建物に、待合室はまるで空港ターミナルのように天井が高く、床は大理石貼り、待合用の椅子も革張りで、その座席の間もゆったりと広いスペースが取られている。古ぼけた空港ターミナルよりも豪華で快適である。駅前の広場も広く、デザイン性と実用性を備えた設計がされている。ちょうど到着した列車から降りて、私のいる待合室を通るときの二人の西洋人の驚きの表情が今でもとても印象に残っている（インターネットで全国の高鉄駅の様子が写真で閲覧できますから、是非ご覧下さい）。

ジュースを飲みながら、辺りを少し観察してみた。数年前に比べると、地面に落ちているごみがずいぶん少なく感じられた。清掃係が随時掃除しているし、乗客も地面に捨てるのではなく、ちゃんと数歩歩いて、ごみ箱に捨てる。洋服から持ち物まですっかり様変わりしていて、富裕層かと見られる人はブランド品を身につけ、旅行カバンまでお揃いの出で立ちだ。表情にも余裕が感じられる。大学生らしき人が田舎から両親を連れて北京を観光して帰るのだろうと思われる光景も数組見られた。変わったな、やはり、〝仓廪实而知礼节〟を痛感。その一方で、もちろん変わらないところもある。電話をするときの大きな声、小さな子供を甘やかす大人。まあ、一人っ子だから、いくら愛しても愛し足りない気持ちは分かるが……。

「和谐号」に乗る

発車三〇分前に改札を始めるというアナウンスが流れた。その十数分前から早々と改札口に移動している人も散見されたが、アナウンスがあると、座っている人たちも一斉に立ち上がり、改札口に並んだ。中国における並び方は日本と違い、人と人の間に隙間を置かない。割り込みを防ぐためだろう。私は大きなトランクを押しながら、徐々に前に進んでいくと、ようやく改札口に近づいた。駅員のいる改札口と自動改札口とがあり、駅員のいるほうは順調に進んでいるのだが、自動改札口のほうはトラブル頻出のようだ。どうやら、切符を機械に入れた前の人が、向こうに出てきた切符をまだ取っていないのに、後ろの人があせって切符を突っ込んでしまっているのだ。これがエラーになって、その都度スタッフが機械を開けて、切符を取り出している。後ろから催促の声、責める声が絶え間なく発せられたことは言うまでもない。

プラットホームまでは上りも下りもエスカレーターが設置されている。大きい荷物を持つ身には本当に助かる。これも数年前ならありえないこと。広くて、きれいなプラットホームには、列車がすでに待っている。始発だから、三〇分前には必ず乗れる。見送る人とゆっくり別れを惜しむこともできる。高鉄は白一色に車体の真ん中に青い線が入っていて、実にシンプルなデザインだ。アヒル口にも車体にも「和谐号」と書かれてある。中国らしい、いいネーミングだと思う。昔から「和為貴」(『論語』)と言い伝えられ、家庭であれ国家であれ、調和を大事にしてきた。

車掌が各車両の前に立っているので、列車に乗るときも切符を見せる。中に入ると、入り口近くに広い荷物の置き場があるが、スーツケース二個分くらいのスペースしかない。京成電鉄のスカイライナーにある荷物置き場よりはずっと狭い。しかも、そこには誰も荷物を置かない。中国人は用心深いので、見えない場所に自分の荷物を置くことには抵抗がある。ほとんどが座席の上の棚にあげておく。座席は日本の新幹線と同じく一列に二人席と三人席があり、間隔は「のぞみ700」系より少し狭い気がする。通路側の席の背もたれの上にある、手でつかむ所も日本の新幹線とそっくり。真似たのだろう。PCのコンセントもちゃんと設置されている。トイレは男性用が一つ、男女共用が二つ。ティッシュペーパーも置いてあり、変な匂いもなく清潔だった。日本の新幹線と違うところは、各車両のデッキに給湯コーナーが設けてある点だ。乗客はマイカップを持って、それにいっぱいお湯を入れる。中国人は生水を飲まないので、常にお湯が求められる。ちなみに、空港ターミナルの給湯器にはふつう、熱湯・ぬるま湯・水の三種類があり、紙コップも置いてある。

快適な高鉄

出発時刻通りに列車は動き出した。前方のスクリーンには、スピードが上昇していく数値が示される。二〇〇キロ、二五〇キロ、三〇〇キロ……。数分で時速三〇〇キロ以上に達した。日本の新幹線よりも加速が速い。そして、幸いなことに、当初私が心配していた車体の揺れが感じられない。動き出したときも、途中駅に停車するときも、揺れがないのだ。日本の新幹線（特に、ひかり号）の揺れやトンネルを通過するときの耳への圧迫感は、私には本当につらいものだった。そのため、これまで新幹線に乗るのをできるだけ避けていたほどだ。しかし、中国の高鉄は揺れることなく、トンネルを通るときに感じる耳への圧迫感などもなく、ちょっと本を読んだり居眠りしたりして快適に過ごしているうちに降車駅に着いてしまった。本当に驚きだった。

後日、なぜ揺れがなかったか考えた。中国の高鉄は線路がまっすぐで、トンネルがないからだと思い、日本に戻ってから、同僚にそう言うと、彼は「違う」ときっぱりと否定する。「技術が高いから。だからまるでシルクの上を走っているみたいなのだ」と私以上に褒めそやす。著名な宋文洲さんもツイッターで「中国の高鉄は日本より快適だ」とつぶやいた。あとで、ネットで調べると、YouTubeに、ある外国の観光客が時速三〇〇キロの高鉄の窓際にコインを立てて九分間も倒れなかった映像をアップしていた。そして、二〇一三年十一月にロンドン市長は中国の高鉄に乗った後、「騒音と振動はまるで猫が息をするようだ」と発言している。同じ年にキャメロン英国首相が「英国は中国の高速鉄道から学ばなければならない」。（英国の「鉄道技術」より）とも言っている。二〇一四年までに中国全国ですでに一万六千キロの高速鉄道が作られている。スピードも世界最速で、北京から上海までの「京沪高鉄」は質も技術も世界トップグラスだ。わずか一〇年の間にこのように高度に発展を遂げたわけだが、ここから、猛烈なスピードで発展することを「中国速度」と呼ぶ言葉も生まれている。中国の二〇一五年第三四半期のGDPは前年比＋六・九％、二〇〇九年以来の低成長で、メディアやネットにはマイナス面の報道や記事が多いが、中国にはまだまだ発展の余地があることを、こうして自分の目で見、体験してみることによって、確信することができた。

ただ、車内での、小さな子供の騒ぎ声や、電話をするときの大きな声は相変わらずだった。今回も、私の後ろの席で、ビジネスで何件かの取引先と大きな声でずっと電話している人がいて、本当にうるさく迷惑だった。そうこうしているうちに、三時間四四分後、実家のある許昌東駅に定刻通りに到着。実家にいる間にも北京に用事があり、高鉄で日帰りした。最も人気の二等席の切符が売り切れていたので一等席で往復した。二等席よりも三分の一ほど高い値段だが、座席はさらに広く、座り心地も上々。往復で七時間あまり、北京まで日帰りできるとは、昔なら夢にも思わなかった。

中国にいらっしゃる機会がありましたら、是非とも一度高鉄に乗る体験を味わってみてください。

浪乗り会の思い出

――故中山時子先生を偲んで

塚越　千史

二〇一六年一月二十二日、中山時子先生がご逝去されました。中国文学・中国語学を主軸に中国の料理や文化に至るまでさまざまな領域を幅広く研究対象にし、つい先日まで数多くの研究会やプロジェクトを主導されて享年九三歳の大往生でした。

若輩の私にも、わずかばかりですが、偉大な中山先生の謦咳に接する機会に恵まれたことがあります。先生が、ご自宅の一部を開放して主催されていた「浪乗り会」という、中国語勉強会での経験です。先生のご冥福をお祈りしつつ、その会での個人的な思い出を綴りたいと思います。

途中参加の私には、「浪乗り会」がいつ頃から存続していたのか、詳細は存じません。とある会合に足を運んだ折、偶然中山先生もその場におられて、「浪乗り会」へのお誘いを頂戴しました。

「浪乗り会」は、毎週日曜日夕方一八時から始まります。夜二一時過ぎまで、みっちり三時間、中山先生から直接現代中国語の手ほどきを受けられる貴重な貴重な時間でした。「浪乗り」の「浪」は、中国語の声調を意味するとか。解放前の北京でお育ちになった中山先生の美しい中国語の調べ＝声調の浪間にゆったりとたゆたうかのように身を任せ、味わい、自分の耳と口を鍛えるのが、「浪乗り会」の学習スタイルでした。

参加メンバーの顔ぶれは、性別も年代も職業も身分もさまざま。二十歳前の年若い大学生から退職された人生のベテランまで。日曜日も仕事がある人や、片道二、三時間かけて遠方から通ってくる人も珍しくはありませんでした。

そのため一八時になると、まず最初の三〇分間は、遅れてくる人の到着を待ちつつ準備体操を兼ねて、「ひとこと中国語会話集」を中山先生の音読のお手本について復唱。ちょうど読み終える頃に概ねその日の参加メンバーが揃うと、温かい軽食が振る舞われます。これは中山先生が、専属秘書の方や、先生の研究助手をされている中国人留学生の方々と一緒に手ずから調理され、用意しておいてくださったもの。奨学金で学校に通う一人暮らしの苦学生や、終業後息つく間もなく駆けつけてくる社会人のことを慮って、肉や野菜に漢方食材がたっぷり入った滋養スープに、まるで北京の香りを運んでくれるような〝葱花烙饼〟cōnghuā làobǐng（ごま油の風味がきいたネギのみじん切り入りのパンケーキ状の主食）や〝酱萝卜〟jiàng luóbo（大根のしょうゆ漬け）など、軽食と呼ぶには豪華なメニューがずらりと食卓に並びました。〝趁热吃最好吃。〟Chèn rè chī zuì hǎochī.（アツアツが一番おいしい！）がモットーの中山先生は、それ以上遅れてやってくる参加者のためにも、スープを葛引きにして冷めにくくしたり、〝饼〟bǐng や〝馒头〟mántou（肉まんの生地を具なしで蒸しあげた主食）は蒸し器に入れて保温したりと、本当に細やかにご配慮くださり、どの参加者も大切にしてくださいました。

中国語を学びたいと思う動機は人それぞれなれど、どの人も日曜の晩に万難を排して「浪乗り会」に集う目的は、もちろん一番に中山先生からの発音直接指導、二番に中山先生の心づくしの手料理、そして三番は授業の合間に折に触れお話くださる中国に関する多彩な豆知識や先生の体験談でした。城壁に囲まれた北京城に響き渡る物売りのにぎやかな呼び声、「北京秋天」と謳われる空の青さ、京劇は〝看戏〟kàn xì（立ち回りを見る）ものではなく、本来の楽しみ方は〝听戏〟tīng xì（役者のセリフ回しのうまさ）を味わうものであること。年末、肉の塊を買ってきて、両手にそれぞれ包丁を握り、まな板の上でトントントントンとミンチにし、家族総出で〝包饺子〟bāo jiǎozi（餃子作り）をして、包みあがった餃子をザルに乗せて戸外に置いておくだけで瞬く間に〝冻饺子〟dòng jiǎozi（冷凍餃子）になってしまうこと。肉の塊を買う余裕のない家では、何も乗せていないまな板を包丁でトントンたたいて音を出し、見栄を張っていたこと等々。

無論、楽しい話ばかりではありませんでした。幼い弟妹の世話をしながらの異国での慣れない生活、戦時下での労苦。ある日突然、中山先生ら在京邦人に通達があり、日本への引き揚げ船が出る港を目指して北京城を脱出するのに与えられた猶予はわずか二時間。先生はすぐ自室に戻り、靴下の中や下着の中にわずかな金品を隠し込み、日頃から用心してまとめておいた最小限の手回り品を持って、すばやく城門を目指されたとのこと。引き揚げ団の中には、港まで連れて行けず泣く泣く幼子を置き去りにせざるを得なかった若い母親、おびえて泣き出す我が子の口を自らの手でふさぎ続けた夫婦、襲撃団から引き揚げ団を守るために夜伽に出されて梅毒を患ってしまった女性たちのなかには、命からがらせっかく港にたどり着いても日本へ向かう船に乗ろうとはせず、家族を乗せた船が港を出たのを見届けた後、岸壁の端から海に身を投げてしまったこと……。そんなとき、先生は手元に目線を落とし、いろいろ思い出していらっしゃるご様子なので、先生が「さ、続けましょ」とおっしゃるまで、しばし伺ったばかりのお話を静かに反芻したものでした。

外務省職員の中国語研修を長年担当されるなど、現代中国語教育の第一人者でもあった中山先生が、我々「浪乗り会」のメンバーに、中国語学習の心構えとしてしばしば強調されたことが三点あります。第一点は「声調の正確さ」。これは入門期の人にも、ある程度、学習経験を積んだ人にも、いつも口を酸っぱくして注意してくださいましたが、どんなに流暢にぺらぺらしゃべっているように見えても、ひとつひとつの単語やフレーズの声調をおろそかにしては台無しとの教えでした。第二点は「格調高い中国語を身に着けること」。これは初級を一通り学び終えたメンバーによく強調しておられましたが、外務省職員のように一国の代表として話すような重責を担う場面はなくとも、人様に自分を教養ある人物に見てもらえるよう、「大人の言い回し」を少しずつ覚えていくようにとのアドバイスでした。そして最も重要なのが第三点「外国語として中国語を身に着けることへの恐れを抱き続けること」。これは特に中級もしくは上級レベルの学習者に厳しくおっしゃっておられましたが、ある程度極めたと油断すると、人間どうしても「夜郎自大」になりがち。母語として身に着けた日本語ほど、外国語として身に着けた中国語は自由自在に扱えぬもの。文化背景も異なる人との交流は、誤解も招きやすい。常に真摯な態度で学習を継続し、ネイティブが誤用を指摘してくださったら謙虚に耳を傾けるべしとの戒めでした。

こんなにも濃厚で濃密な授業を受けられる「浪乗り会」の参加費ですが、実はたったの百円でした。帰り際に、玄関に置かれた百円玉がやっと通る細い穴のあいた箱に、会費を納めて帰るルールでした。それではあまりにも心苦しいので、早く到着したときにはお教室の整備や調理をお手伝いしたり、終わった後の清掃や重い荷物の運び上げをお手伝いしたりと、それぞれができることを少しずつお手伝いして先生の学恩に少しでも報いようとしました。心ある先輩方が、細い穴を少しずつ指で広げて五百円玉や折りたたんだお札が入るまで大きくしてしまったことは、ココだけの内緒の話。でも、先生はちゃんと気づいていらして、「あなたがたのそういうお気持ち、とってもありがたくうれしいわ」と、微笑みながらおっしゃっておられました。

中山先生、本当にたくさんのさまざまな教えを私たち「浪乗り会」の参加者に残してくださり、どうもありがとうございました。改めまして、心よりご冥福をお祈り申し上げます。

合掌

「小豆」

黄　琬婷

　お茶を飲みながら、好きなお菓子を食べるのはなんという幸せな一時だろう。日本伝統のお菓子というと、和菓子が一番に挙げられる。饅頭、どら焼き、羊羹、おはぎ、きんつば等、さまざまな種類がある。

　和菓子を食べるとき、いつも不思議に思うことがある。饅頭、どら焼き、羊羹、おはぎ、きんつばの餡は大体小豆である。なぜ和菓子には小豆餡のものが多いのだろうか。ずっと不思議でたまらなかった。あるとき、日本の友人に聞いてみた。

「なんで和菓子の餡はだいたい小豆なの？」

　すると、意外な答えが返ってきた。

「和菓子は小豆だろう？　小豆じゃないと、なんかがっかりすると思う。」

「がっかりする？　なんで？　小豆以外の餡は食べたくないの？」

「小豆以外の餡？」

「胡麻とか、緑豆とか、ナツメグとか」

友人が私の問いに暫く無言になった。やがて再び口を開き、

「他の種類の餡もあるけど、だいたい小豆に決まっている。あんこは定番なんだから」と言った。そのとき、なぜ餡が小豆に決まっている理由は分からなかったが、小豆が和菓子の定番の餡であることは印象に残った。


中華系出身の方だと、伝統的なお菓子の餡について、いろいろ思い付くだろう。胡麻、緑豆（緑の皮の豆）、ナツメグ、くるみ、パイナップル、ピーナッツ、アーモンド等、数え切れないほどある。さらに、鴨の卵や豚の挽肉が餡になった伝統のお菓子さえある。日本人からみると、種類が多すぎて、定番の餡がないように思われるかもしれない。ちなみに、日本語で「餡」と言うと、あんこを指すことが多いが、中国語で「餡」と言うと、お菓子の中に詰める「餡」から、餃子や肉まんやニラ饅頭の中に入っている挽肉や野菜の具も「餡」である。

でも、なぜ和菓子にはあんこが定番なのだろう。その後、ネットで調べてみた。「日本では古くから、赤い小豆は魔を祓う「陽力」がある食べ物として崇められてきました。おめでたいハレ

の日に赤飯を炊くのはこのためです」（全国和菓子協会のホームページより。http://www.wagashi.or.jp/）とある。赤い小豆は縁起がいいから、古くから使われていたとのことだろうか。この説明だけでは、あんこに対する疑問が解消されたとはいえないが、心の中のもやもやの気持ちが少し収まったような気がした。

さて、あんこの疑問の後、次に日本の友人に聞きたくなるのは味噌汁のことである。「なんで定食に付く汁ものはいつも味噌汁なの？」

白い車

岸　弘子

あるとき、学生さんが意地悪い笑みを浮かべて「先生、どうして中国では白い車を買ったほうがいいか知っていますか」と聞いてきました。私は得意げに「知ってるよ、日本でも白い車は人気があるから」と理由を答えました。

日本で車を買うとき、営業マンは必ず白い車を勧めます。赤や黄色の車は、個性があっていいけれど、中古車で売るとなると、あまり人気がありません。なので、買い替えのとき、高く買い取ってもらえないよ……と。

その学生は、大笑いして、「違いますよ……。絶対にわからないとは思いますけど、もうちょっと考えてください」と答えをじらします。皆さん、おわかりになりますか？

中国の人も「買うなら白い車」と言います。が、その理由は日本と少し違うようです。もし黒い車を買ったら、結婚式や葬式がある度に「お宅の車を貸してもらえませんか」と言われ、赤い車を買ったら、さすがに葬式では使えませんが、結婚式や祝い事の度に「お宅の車を貸してもらえませんか」と言われるからだそうです。

ある人が、黒いベンツの新車を買ったそうですが、本人が一度も乗らないうちに、ずっと結婚式、葬式、お客様の送迎……と友人の間を行ったり来たりしていたと言います。

白い車は、祝い事にも忌み事にも使えない、だからだれも「貸してください」と言ってこないそうです。

なるほど……ですね。

孫の面倒

張娜

いつもながらの身近な話です。私は日本で暮らしています。旦那は日本人です。その旦那の妹には二人の子供がいますが、妹一人で面倒を見ています。共働きですので、小さい頃から保育園に預かってもらい、何とかぎりぎり頑張っています。

ニューヨークにいる私の妹には子供が一人います。一歳まではボストンの旦那さんのご両親が三六五日間世話をしていました。さらに四歳直前までは北京の私の両親がフルタイムで育児をしてあげました。子供は四歳からやっと自分のお母さんのそばに帰還しました。

私の親友は妊娠時からお母さんが遠い故郷から北京にやって来て、子供が三歳になって幼稚園に入るまでずっと同居し、孫の面倒をみていました。親友のお父さんはまだ仕事があり、北京までやってきて一緒に生活できるのは年間一カ月程度ですので、その他の時間は故郷のほうで一人暮らしをしていました。このようにして、お爺さんもお婆さんも孫のことを最優先に自分たちの生活スタイルを決めます。

日本と中国、「孫の面倒」についてこんなに違いが見られる、その理由は主に三つあります。

一、中国人の女性は男性と同じように働いています。育児のせいで、自分のキャリアを犠牲にする人が少ないです。そのため親が応援してくれます。

二、中国人の伝統的な観念としては、孫は何より重要な存在です。孫を幸せにできるなら、自分の苦労はたいしたことではないと考えます。

三、年寄りは子供のために貢献できることで自分の価値を実現するという悲しい思いがどこかにあるかと思われます。もちろん、その分、親が動けなくなったときには、子供が親の面倒を見、介護するのは当たり前のことです。そのため、親は労力的にも、金銭的にも投資し続けてきたのですから。

日本では子供は自立し、年寄りは経済的に時間的に余裕を持ち、残りの人生を最大限に楽しもうとしているようですね。年を取っても子供に迷惑をかけないように老人ホームに入居する人が多いと聞きます。

どちらが良いかなと考えても答えが出ません。

〝活到老学到老〟

費 燕

〝活到老学到老〟huó dào lǎo xué dào lǎo は、中国でよく使われている諺で、私も小さい頃からよく聞いてきた。「生きている限り勉学を続ける」という、積極的で進歩向上を求める精神を表わしている。

私は、今年の春から地域のスポーツ振興会が主催している「はじめよう・スイミング」クラスに参加している。参加者は五十人ぐらいで、レベルによってクラス分けして練習している。参加者のほとんどは六十歳以上の人たちであるため、五十代の私は若いほうに入る。

ここで私は八十歳になった女性に出会った。彼女は足が弱く、普段車椅子でお嬢さんと一緒に通っている。とても性格の明るい人で、グループの人気者になった。足が弱くふらついて危ないので、よく壁を伝って歩く姿を見かけるが、お嬢さんの支えを借りながらも、私たちと同様にクロールや平泳ぎ、背泳ぎの練習をしている。ときどき練習中にプールの水を飲んでしまうと、「水を飲んだ、おいしくないわ」と笑いながら私たちに言う。私たちの泳ぎを見て親指を立ててくれたり、「お上手だね」と言葉で褒めてくれたりする。みんなが彼女の姿に励まされ、彼女と同じようにお互い励ましあい、褒めあい、楽しいひと時を過ごすことが多い。

私が教えている中国語学習会に参加している人も、ほとんどが六十歳以上である。最年長の方は八十歳を超えている。みんな元気で、よく質問してくれる。お陰で教える側の私も、いろんなことに気づくことができ、皆さんの質問に答えられるよう日々努力している。日本に来た当初、私の知人の日本人が、七十何歳でまだ生涯学習の放送大学に通っているのを知り、感心した。これは中国ではなかなか見られない珍しい風景であるからだ。その知人は体調が悪くなるまで通っていた。

中国に行くと、朝晩の公園や広場、またはお店などの前にあるスペースが、ダンス（民間舞踊である秧歌踊り、社交ダンス、民族舞踊など）を舞う人や太極拳などをしている人、また京劇の練習や、歌を歌っている人、ジョギングをしている人などでにぎわっている光景を見て、驚く人が少なくないと思う。

中国では、国営公共機関、研究機関、大学、国有企業などに老人の活動室がある。そこでも曜日ごとに社交ダンスや将棋、トランプ、麻雀などの活動を行っている。趣味の合う定年退職した人たちが集まり、一緒に活動をして、晩年の生活を楽しんでいる。

しかし、日本のように学習するために自らお金をかける人は明らかに少ない。多くの老人は子育てから解放されてからも、次は孫の面倒を見るのが当然なことだと考える。「もういい年なのに、学習をして何になるの?」。特にお金を払ってまで学習するのは「もったいない」と考える人が多いようだ。

もちろん経済や社会の発展につれ、昔の〝儿孙绕膝〟ér sūn rào xī（子や孫たちが膝にまとわりつく）や、〝四世同堂〟sì shì tóng táng（四世代同居）という従来の理想的な家庭構成は実現しにくくなった。そのため、現実を直視して理想的な家庭観念を変え、自分の老後生活を豊かに過ごし、楽しむための新たな生活スタイルを考える人がどんどん増えてくると思うが、今のところ、日本人の生き方のほうが、この「活到老学到老」という諺の指すものに近いのではないか。

中国人ってクレーマー体質？

三好 理佳

日本も中国も世界有数の美食の国として知られています。とりわけ日本はここ二十年ぐらいでぐっと知名度が上がり、寿司やラーメンなどが欧米やアジアで広く認知されるようになり、一大ブームを起こしています。グルメ番組は毎日のようにテレビを賑わし、番組で紹介されているレストランなどを訪れる方も多いのではないでしょうか。

私はわざわざ行くことはほとんどありませんが、偶然通りかかって、せっかくだからということで並んだことがありました。そのとき食べたものは期待した味、想像した味とはかなりかけ離れていたためがっかりした記憶があります。あれ以来テレビのグルメ番組にすっかり不信感を抱くようになりました。しかし同じレストランで私と同じ思いをした人もいたはずなのに……みんな黙って食べていました。同じことがもし中国で起きたらどうなるかと想像してみました。全員とはいかないまでも、誰かが文句の一つも言うのではないかと容易に想像できます。実は中国のレストランで味や値段で揉めることは珍しくありません。

しかし日本ではめったにそのような場面に遭遇しません。一般的にお店の人にクレームを言ったり、横柄な態度をとったりするとマナーが悪い、教養がないとされる雰囲気があり、とりわけ男性のそういう行為は女性の顰蹙を買うことが多いようです。食べ物ぐらいでなにもそこまで……恰好悪いと言われるのが関の山です。カップルだと別れてしまうきっかけになるかもしれないほど行儀の悪いことです。「美味しい」と聞いてわざわざ足を運んだのに、期待外れ、満足できる味ではなかったというときに日本人は不満をぶつけたり、苦情を言ったりするより次は行かなければいいと思っている人が多いようです。そうすればいずれはお客さんが減り、店はつぶれてしまいます。だからわざわざお互いに不愉快になるようなことをしなくてもいいのです。そもそも食べ物はそれぞれの好みがあり、美味しいとか美味しくないということは主観であり、自分の口に合わなかっただけだと考える人が多いのではないでしょうか。

一方、中国人は、ストレートにまずかったらまずいと自分が感じたことを主張するのは当然のことであって、お店のためにもそのほうが良いと考えている人が多いようです。周りも「よくぞ言ってくれた」と共感する雰囲気があり、それを助長しているところがあるかもしれません。勿論つまらない喧嘩や理不尽な要求には閉口しますが、文句の一つぐらい言ってもべつにいいじゃないかと寛容的です。

身近な例を一つ。会社の近くに一軒レストランがありますが、ここの問題は味ではなく、かなり個性的なスタッフがいて、お客さんにああしなさい、こうしなさいと、とにかく指図するのが好きで、いつも一言多くてお客さんをいら立たせています。これに対し、日本人のお客さんは心の中では快く思っていないはずですが、誰一人文句を言うのを見たことがありません。わが社の中国人もその店の常連客ですが、そのスタッフに反抗的態度を取るのを何回か見かけました。そしてある日、またなにかで揉めたわが社の三十代の女性はとうとう堪忍袋の緒が切れてしまってくだんのスタッフと大変な言い争いになり、最後には警察沙汰になるまで騒ぎが大きくなりました。さすがに今回は険悪な空気が漂い、少々やり過ぎたかなと、その一件からしばらくは私たちも足が遠のいてしまいました。警察を出動させたのにはあきれましたが、彼女は私たちの声を代弁してくれたことに胸がちょっとスカッとしたのは確かです。

日本人は「楽しく食事したいので、雰囲気をぶち壊すのは粋ではない」、「お店の人も大変だから……」「自分もバイトしたことがあるので、アルバイトの人は可哀そうだから……」と相手を思いやる気持ちを持ち、大人の対応をすべきだと考えている人が多いでしょう。同じような考えを持っている中国人は勿論いますが、「言ってあげたほうが親切……、言わないとまずいとわからないじゃないか」と、思ったことを率直に言う人も少なくありません。食べることに関して人一倍真剣な中国人、若干お節介が好きな中国人である所以の行動かもしれません。

最近またちょくちょく例のレストランに通うようになり（味は抜群です）、その個性的なスタッフの高飛車な振る舞いは相変わらずですが、相手を刺激させない術を皆が心得てきているようで今のところは平穏です。

「そこに置いといて」

相原　茂

初級の教科書を編んでいる。いぶこみ関係のもので、日本と中国の文化の違いを学ぶものだ。ある課の一言がひどく気になった。

それは日本人が友だちの中国人の家を訪ねる場面で、玄関でひとしきり挨拶があって，手土産を差し出す。

日本人：这 是 给 您 买 的 礼物。

Zhè shì gěi nín mǎi de lǐwù.

すると、中国人の友人のお母さんが、こう応じるのだ。

你 太 客气 了。放 那儿 吧。
Nǐ tài kèqi le. Fàng nàr ba.

訳せば「まあ、ご丁寧に。そこに置いといて」である。この最後の「そこに置いといて」に驚かされた。受け取りもしないで、玄関のわきにある下駄箱の上あたりに置いておけ、というのだ。なんというそっけなさ！

これが日本なら、「ご丁寧にありがとうございます」と両手で受け取り、うやうやしく頭を下げ、大事そうに扱うところだ。決して「そこらあたりに置いといて」とはならない。

恩のやりとりは、日本と中国でだいぶ違う。これまでも何度か言及してきた。例えば、食事ひとつをとっても、中国は「おごるか、おごられるか」が普通で、日本のような割り勘はさほど普及していない。

また、ご馳走になれば、日本だと数日後にその人に会うと、「このあいだはご馳走様でした」とお礼を言ったりするが、中国では過ぎたことをいちいちとりあげて言及しない。これは、お礼を言うと、あれはおいしかった、今度是非また食べたいという催促のようにもとられるからと聞いた。

では恩のやりとりを感じていないのか、というとそうではない。今回は誰がみんなに奢ってくれた、前回は誰々だった。となると次の会食では俺が奢る番だ。そういうことが暗黙裡に意識されている。だから、よく食後に「勘定書の奪い合いが起こる」というが、たいてい結果ははじめから分かっていると考えてよい。

さらに日本人は、恩のやりとりは、すぐに清算してプラマイゼロにしたがるが、中国では恩のやりとりのスパンが長い。今回、息子の大学入学でたくさんのお祝いを頂いた。そうしたらそれに対して半返しとかはしない。あちらの家の娘が嫁にゆくときにお返しをしようと考える。スパンは長く、ちがう形でもよいのだ。

早い話、恩のやりとりについては、日本よりも神経質で敏感なのである。そういう中国人が「そのあたりに置いといて」という、その心は？

もちろん、お土産をいただいたのであるから、うれしいのである。それには違いないが、そのうれしさを直截的に、素直に表現するほど単純ではない。親しい者同士でも、いや、親しい者同士なら、このときどんなやりとりが起こるかを想像してみるとよい。お土産を押し戻し、

哎呀、我们谁跟谁呀？　Āiya, wǒmen shéi gēn shéi ya?

このセリフの心はこうだ。「私とあなたは誰と誰だと思っているのか。私とあなたではないか。こんなに親しく、なんの遠慮もない仲なのに、これは何？　こんな他人行儀なことをされては、困るじゃないの。これからどうやってつきあえばいいの？　本当に困る。お願い、お土産なんか持ってこないで」

まるで喧嘩をするように、手土産を持って来た友人をなじるのである。結局、最後は受け取るのだが、こういう定番のやりとりがまた楽しいらしい。

中国は、このように「もって帰れ」といって「うれしい口喧嘩」を始めることも珍しくない。それほど大ごと扱いする。

しかし、そのうれしさをあからさまに出し、ニコニコ「ありがとう」と言えば、すでに述べたように「ああ、うれしい、家にくるときはまたお土産持参で来てね」という雰囲気がでてしまう。だから、ここはなんとしてもそっけなさを演じなければならない。そうしなければ「うれしはずかしい」思いが見透かされてしまう、そう中国人は言う。だからあんまりお土産を贈り主の前で「ほめたり、感心してよろこんだり」しないのだそうだ。

手土産を持って来たほうも、おおげさにしないために、ただひょいとそのあたりに黙っておいて置くこともあるという。そうして話の流れの中で「そうそう、お菓子を持ってきたからあとで食べて」と何でもないように告げる。

しかしである。客が帰ったらすぐに開けて厳しい品定めが始まる。それも事実である。

こういうことでもストレスを溜める中国人はたいへんだ。日本は贈答を形式化した。盆と暮れにやる。三千～五千円ぐらいのもので十分。あとは半返しという習慣もある。さっさとプラマイゼロにしてしまう。どちらがよいか。

【注】編んでいる教科書は『日中いぶこみ交差点』（相原茂、陳淑梅、飯田敦子　朝日出版社、二〇一七年）である。その本文は陳淑梅さんの手になる。

編者・執筆者紹介

❖編者

相原　茂（あいはら　しげる）

一九四八年生まれ。東京教育大学大学院修士課程修了。中国語学専攻。明治大学助教授、お茶の水女子大学教授を経て、現在中国語教育の第一人者として活躍中。TECC中国語コミュニケーション協会代表。NHKラジオ、テレビの中国語講座も長年担当。

主な編著書に、『雨がホワホワ—中国語のある風景』『北京のスターバックスで怒られた話—中国語学エッセイ集』『ちくわを食う女—中国語学者の日中異文化ノート』『ひねもすのたり中国語—日中異文化　ことばコラム』『ふりむけば中国語』『マカオの回遊魚—痛快！　日中ことばコラム』『中国語　未知との遭遇』『読む中国語文法』『中国人は言葉で遊ぶ』（以上、現代書館）『午後の中国語』『Why? にこたえる　はじめての中国語の文法書』（共著）（以上、同学社）、『中国語学習ハンドブック（改訂版）』（大修館書店）、『中国語の学び方』『あ、知ってる中国語』（以上、東方書店）、『はじめての中国語学習辞典』『ときめきの上海』『発音の基礎から学ぶ中国語』『中国語類義語辞典』（以上、朝日出版社）、『必ず話せる中国語入門』（主婦の友社）、『「感謝」と「謝罪」』（講談社）、『はじめての中国語「超」入門』（ソフトバンク新書）、『笑う中国人』（文春新書）など。

本格的辞書として『講談社中日辞典』、『講談社日中辞典』、『談講社パックス　中日・日中辞典』（以上、講談社）、『東方中国語辞典』（東方書店）がある。

著者ホームページ　http://maoroom.jp/

❖執筆者

黄琬婷（Huang Wanting）
上智大学教員。中国語文法、中国語教育専攻。著書：相原茂主編『中国語類義語辞典』朝日出版社（二〇一五年）一部執筆担当。

河村雅子（かわむら　まさこ）
東京生まれ。慶應義塾大学文学部卒、同大学院文学研究科修士課程修了。現在、ハオ中国語アカデミー相原塾所属。現代中国語文法専攻。
主な業績：相原茂主編『中国語類義語辞典』朝日出版社（二〇一五年）一部執筆担当。

郭雲輝（Guo Yunhui）
北京生まれ。お茶の水女子大学大学院博士課程満期修了退学。同志社大学教授。

岸弘子（きし　ひろこ）
岡山県生まれ。ノートルダム清心高等学校卒業、上海師範大学留学。現在、日本語教師。

佐藤嘉江子（さとう　かえこ）
慶應義塾大学文学部卒。主な著書：『女は中国語でよみがえる』（1、2）はまの出版（二〇〇三年）。主な訳書：『中国人の面子《メンツ》』はまの出版（二〇〇〇年）。『世界華人エンサイクロペディア』（共訳）明石書店（二〇一二年）など。

三好理佳（みよし　りか）
上海外国語学院大学日本文学専攻卒。現在、企業勤務（産業翻訳者）。主な著書：『世界の注目を集めた人――証言・周恩来の実像』（共訳）。相原茂主編『中国語類義語辞典』朝日出版社（二〇一五年）一部執筆担当。

森中野枝（もりなか　のえ）
山口県生まれ。お茶の水女子大学大学院卒。現代中国語文法専攻。

川名理惠（かわな　りえ）
東京生まれ。学習院大学文学部史学科卒。現在、ハオ中国語アカデミー相原塾所属。主な著書：相原茂主編『中国語類義語辞典』朝日出版社（二〇一五年）一部執筆担当。

蘇　紅（Su Hong）
中国河南省生まれ。立教大学大学院文学研究科博士課程修了。現在、東京外国語大学、立教大学兼任講師。日中対照言語学・中国語文法専攻。主な著書：『しっかり学ぶ中国語文法』『中国語で手帳をつけてみる』『場面別 中国語会話表現4800』（いずれもベレ出版）『中国語と日本語』（朝倉書店）の他、中国語テキスト数冊。

張　娜（Zhang Na）
瀋陽生まれ。上智大学グローバル・スタディーズ研究科修士卒。

塚越千史（つかごし　ちふみ）
お茶の水女子大学大学院博士課程満期修了退学。桜美林大学孔子学院講師。漢字・字書研究専攻。
主な著書：相原茂主編『中国語類義語辞典』朝日出版社（二〇一五年）一部執筆担当。

白根肇（しろね　はじめ）
黒龍江大学大学院修士課程修了。国際漢語教育専攻。主な著書：《实用日语》高等教育出版社（二〇〇九年）、《新大学日语标准教程》高等教育出版社（二〇一〇年）、相原茂主編『中国語類義語辞典』朝日出版社（二〇一五年）以上一部執筆担当など。

費　燕（Fei Yan）
中国生まれ。大妻女子大学大学院修士課程修了。現在、慶應義塾大学、上智大学等中国語講師。国文学（中日両国語の語彙についての対照研究を中心に）専攻。著書：『チャイニーズコミュニケーション』共著　DTP出版。執筆：『インテンシブ中国語』執筆協力　東方書店。『日中辞典』第二版　講談社。『中日辞典』第三版　講談社。『快楽学漢語・説漢語――準上級』株式会社早稲田総研インターナショナル。『中国語類義語辞典』朝日出版社。

芳沢ひろ子（よしざわ　ひろこ）
お茶の水女子大学大学院修士課程修了。現在、国學院大学等講師。現代中国語文法専攻。主な著書：『中国語リスニングジム』白帝社（二〇一四年）。『中国語で案内する日本』研究社（二〇一五年）など。

野原靖久（のはら　やすゆき）
埼玉県生まれ。北海道大学大学院環境科学院修士課程修了。環境物質科学専攻。主な著書：相原茂主編『中国語類義語辞典』朝日出版社（二〇一五年）一部執筆担当。

楊　華（Yáng Huá）
河南省鄭州市生まれ。同志社女子大学文学研究科博士課程後期課程修了。現在、河南農業大学特任教授。中国語と日本語の対照研究専攻。主な著書：『中日両言語における形式動詞の対照研究』朋友書店（二〇一六年八月）。相原茂主編『中国語類義語辞典』朝日出版社（二〇一五年）一部執筆担当。

後記

本書がこのような形で出版されるまで、ハオ中国語アカデミー（本部）の杉本健一氏の手をわずらわせた。氏は毎週出社すると、まず中国語ドットコムの「日中ことばと文化コラム」を開け、私経由で送られて来ている連載原稿をアップするのが、毎週月曜日の仕事はじめになっていた。心から感謝し、お疲れさまと申し上げたい。

私の学生でもある塚越千史さんは、今回編集の裏方をすすんで担当してくれ、原稿のとりまとめから整理、執筆者のアドレス管理やら連絡といった煩瑣な作業をこなしてくれた。御陰をもって一七名に及ぶ執筆者からなる、本書の出版に向けた円滑な進行が実現できた。

また、いつものことながら、現代書館の吉田秀登部長には、厳しい出版事情の中、本書の意義に理解を示され、上梓に向け実務の労をとっていただいた。末記ながら深甚なる謝意を表するものである。

（相原記）

日中《にっちゅう》は異文化《いぶんか》だから面白《おもしろ》い
――言語と文化のプロたちが綴るエッセイ集

二〇一六年十二月十五日　第一版第一刷発行

編著者　相原　茂
発行者　菊地泰博
発行所　株式会社現代書館
東京都千代田区飯田橋三－二－五
郵便番号　102-0072
電　話　03（3221）1321
FAX　03（3262）5906
振　替　00120-3-83725
組　版　デイグ
印刷所　平河工業社（本文）
東光印刷所（カバー）
製本所　積信堂
装　幀　渡辺将史

校正協力・沖山里枝子
 ISBN978-4-7684-5795-5

活字で利用できない方のための
テキストデータ請求券
『日中は異文化だから
面白い』